教育部人文社会科学研究青年基金项目“我国行业特色高校优势学科溢出效应研究”（项目编号：21YJC880003）

中国行业特色高校中的优势学科发展溢出效应

曹茂甲◎著

图书在版编目（CIP）数据

中国行业特色高校中的优势学科发展溢出效应 / 曹茂甲著 . —北京：九州出版社，2024.5. --ISBN 978-7-5225-3012-3

Ⅰ .G644

中国国家版本馆 CIP 数据核字第 2024W3L877 号

中国行业特色高校中的优势学科发展溢出效应

作　　者　曹茂甲　著
责任编辑　沧　桑
出版发行　九州出版社
地　　址　北京市西城区阜外大街甲 35 号（100037）
发行电话　（010）68992190/3/5/6
网　　址　www.jiuzhoupress.com
印　　刷　三河市龙大印装有限公司
开　　本　710 毫米 ×1000 毫米　16 开
印　　张　16.25
字　　数　210 千字
版　　次　2024 年 5 月第 1 版
印　　次　2024 年 5 月第 1 次印刷
书　　号　ISBN 978-7-5225-3012-3
定　　价　88.00 元

序 言

行业特色高校是面向特定行业发展起来的，具有明显办学特色和相关优势学科的高等院校，一般曾经隶属于相关行业部门。这些高校的优势学科在高校发展过程中不断分化和衍生新的学科并且对关联学科发展产生促进作用，本研究将这一过程称之为优势学科发展的“溢出效应”，该效应是行业特色高校发挥自身价值以及不断发展的基本条件和内在逻辑。在高等教育转型和改革的大趋势下，充分发挥学科发展的溢出效应不仅是实现高校整体发展的必然要求，同时也是实现特色化、差异化的重要路径。

在长期的发展过程中，行业特色高校逐渐形成了包含有核心学科、强相关学科、弱相关学科、边缘学科、外围学科的“中心—外围”结构，在这样一种差序格局的基础上，优势学科通过教学溢出、科研溢出、资源溢出的形式对相关学科产生不同影响。根据这一关系，本研究以高校学科体系作为基本的空间单元，提出了学科发展溢出效应的三个假设，通过在学科发展回归模型中引入学科发展溢出变量，实证检验优势学科是否带动了学校学科体系的共同发展，优势学科的影响范围，优势学科本身的发展水平对其溢出效应的作用。研究结果表明由于学科发展的溢出效应，优势学科确实有效带动了行业特色高校的一部分学科的发展，这种溢出效应在一定范围内有效，并且随着学科距离增大而发生衰减。这种格局的形成是由优势学科自身的发展实力、溢出条件，以及其他学科对溢出的利用能力共同决定的。由于学科之间存在着较强的内容亲缘性，学科间在研究领域的重叠、研究对象的交叉，形成了知识层面相互补充、相互渗透、相互借鉴的关系，传统的行业特色高校优势学科以其绝对优势的发展体量带动着其他学科的发展。面对日益复杂的能源、生态等现实问题，高校面向社会发展需求进行知识生产，围绕某一社会需求构建多学科的体系开展集中攻关，实现学科生态的完善。在行业特色高校建设过程中，人财物等资源整合机制的创新成为推动学科群建设的内在组织力量，只有构建相应的资源整合机制，逐渐产生了学科发展溢出效应。

优势学科的发展溢出过程也是知识的梯度转移过程，包含三个机制：在高校学科生态治理过程中的创新机制，知识吸收过程中的转化机制，学科互动过程中的联动机制。在高校发展过程中充分利用学科发展溢出效应，将优势学科作为学科生态体系的基础和支撑，引领周边学科共同发展；在学科发展规划过程中，将学科发展溢出范围作为重要的参考依据，优先选择溢出禀赋较高的学科重点发展；在强化纵深发展同时，推进横向发展，拓宽领域，寻找学科之间的交叉地带，将优势学科和非优势学科联系在一起，形成网络，实现学科体系发展的协调性和持续性。

本书是教育部人文社会科学研究青年基金项目“我国行业特色高校优势学科溢出效应研究”（项目编号：21YJC880003）的研究成果。我的研究生于新茹在质性数据的编码与分析方面做了大量的工作；大连理工大学高树仁老师、邢政权博士在高校转型与发展方面提供了重要资料；刘苗苗博士、李倩文博士分别在资料搜集和计算方面提供了关键性的帮助；这本书的出版也受到来自大连理工大学、辽宁师范大学各位领导老师的大力协助，在此一并表示感谢。在研究过程中，虽然付出很多努力，但是由于理论水平和学术能力有限，内容会有很多不完善的地方，欢迎各位专家和学者多多指教。

目　录

第一章　学科发展及其溢出效应

一、学科和学科发展

（一）学科的多元内涵

综合来看，高校学科的内涵涵盖了对知识的组织、个体培育以及学科规训制度的多个层面，呈现出丰富而多元的特性。主要有四个方面的理解。

1. 知识的分类

学科最初的概念与学习密切相关，源自希腊文的“didasko”（教）和拉丁文的“disco”（学），强调对知识的分类和学习科目的一种组织方式。在英国作家乔塞[①]时代，英文的“discipline”涵盖了各门知识，

---

① 杰弗里·乔塞（Geoffrey Chaucer），约 1340—1400 年，英国中世纪作家，被称为“英国诗歌之父”以及“中世纪英国文学之父”，被誉为英国中世纪最杰出的诗人，也是第一位葬在威斯敏斯特教堂诗人角的诗人。

特别是医学、法律和神学等新兴大学中的“高等部门”，突显了学科的广泛领域。这一观念在高校的发展过程中逐渐演变，转化为对知识的分类和学问的分支的具体体现，它跨足多个学科领域，包括但不限于自然科学、社会科学、人文科学等，形成了广泛而深入的知识门类体系。这种分类不仅有助于整理知识结构，使之更具体体系化，同时也为学术研究提供了明确的框架，使不同领域的学者能够深入探讨和专攻特定学科。

在这个多样性的知识门类体系中，涵盖了许多具体学科，如物理学、生物学、历史学、教育学等，每一个学科都代表着一门特定领域的独特视角和研究方法。物理学关注自然界的基本规律，生物学探究生命的奥秘，历史学考察过去的经验教训，而教育学则致力于研究和改进教育体系。这种知识门类的细分为学者提供了专业化的研究路径，使得他们能够深入研究某一领域，为人类知识的积累和发展作出独特的贡献。

2. 教学的科目

学科的另一个重要层面是其作为教学的科目，也就是说学科不仅仅是一种知识组织方式，更是学校教学中的基本单位。学科在这个层面上体现了其在教育领域的具体应用，成为学校教学组织的基础单元，为学生提供了系统而有序的学习框架。在高校中，教学的科目广泛涵盖了各种专业和学科领域。这些科目旨在为学生提供全面的知识体验，让他们能够深入了解特定领域的理论、方法和实践。每一个教学科目都代表着一个独特的学科领域，为学生提供了深入学习的机会。无论是物理学、文学、商业管理还是工程学，每一个科目都构成了学科的重要组成部分，为学生的学业发展提供了多元选择。此外，教学的科目还反映了学科的发展和更新，因为不断涌现的学科知识需要通过教学科目的方式传授给学生。教学科目的设立不仅是对学科领域的认可，也是对学科知识的传承和发展的一种方式。

在高校的课程设置中，不断引入新的教学科目，涵盖前沿研究和创新领域，以确保学生能够接触到最新的学科知识和方法。因此，学科作为教学的科目不仅是学校教育体系中的基础构建单元，也是学生深化专业知识、拓宽视野和培养综合素养的关键媒介。通过这种方式，学科在高等教育中发挥着引导学生深入学习、掌握专业技能的关键作用。

3. 学术的组织

学科并非孤立存在，而是通过一系列有机的过程和指标形成的。我国学者陈燮君提出的学科创生的五大指标体系为我们提供了对学科发展的深刻理解[①]。首先，特有的研究对象强调了每个学科都有其独特的研究领域和关注点，这种差异性使得学科之间能够互相补充和发展。其次，学科应是时代的产物，突显了学科的产生与社会、文化等方面的紧密联系，反映了学科与时代背景相互塑造的关系。第三，学科创始人和代表作的观点强调了学科领域中具有开创性贡献的个体和作品，这些先驱者对学科的发展产生了深远的影响。第四，精心营建的理论体系强调了学科需要具备系统而完备的理论框架，这为学科的内在逻辑和知识结构提供了有力支持。最后，独特的研究方法反映了每个学科在实践中采用的独特研究方式和方法论。

学科作为学术领域的有机发展过程，既是一组静态的知识体系，也是一个动态演变的实体。学科的形成和发展不仅受到学术内在逻辑的驱动，同时也受到社会、时代、个体等多方面因素的综合影响。在

① 陈燮君 . 学科学导论 [M]. 上海：三联书店，1991，229–231.

这种意义上，学科的组织不仅体现了知识的分类和组织，还蕴含着学科在复杂网络中不断演化和创新的过程。

4. 规训制度

从本源来看，学科一方面指知识的分类和学习的科目，另一方面强调对个体进行的培育，侧重于带有强制性质的规范和塑造，即学科规训。汉语中选择将“discipline”翻译为“学科”，以显示其既包含知识体系又包含规范制度和方法的双重性质。“即以学科标准对知识的有效性、合法性进行评判，对知识的门类界限、地位等级进行规范协调的制度。”① 这一制度以学科标准为基础，对知识的有效性、合法性进行评判，并规范协调知识的门类界限、地位等级。这种规范旨在建立清晰的学科体系，以便更好地组织、传播和应用知识。

学科规训在知识体系中起到了分类和整合的双重作用。一方面，学科规训通过对知识的科学分类，明确学科范围、核心问题、方法和范畴，帮助理清各个领域的学科边界，在学科内部形成更为专业化的研究方向，推动学科的深度发展。另一方面，学科规训通过对学科的规范协调，使得不同领域的知识能够井然有序地组织，形成一个结构合理的知识体系。这种整体性有助于促进学科间的知识交流和整合，使得学科内部的研究更容易形成系统性和连续性，从而推动了学科的进步和创新。通过规范协调，学科内部的个体能够更好地沟通和合作，形成有机的学术团队，培养新一代研究者。

综合而言，学科规训不仅为学者提供了研究框架和分类标准，还通过整合学科体系，促进了学科间的知识交流和整合，推动了学科的深度发展和创新。它突显了学科作为社会活动的特殊性，通过一系列

① 李金奇，冯向东. 学科规训与大学学科发展[J]. 高等教育研究，2005（09）：79-83.

的教育、训练和评价机制，影响和引导个体在学科范畴内的行为。这种制度化的规训使得学科不仅仅是一堆知识的堆砌，更是一种社会化的过程。在这个过程中，个体通过学科的学习，逐渐习得并内化特定领域的行为准则，形成专业素养和特定领域的专业态度。

（二）高校学科的基本属性

基于以上阐释，学科可以认为是在高校体系内形成的一种系统化的知识组织结构，涵盖了特定领域的学术研究、教学和专业培养。作为知识分类和组织的方式，包含了多层次、多领域的学术知识体系，既具有规范和训练个体的功能，又反映了人类对世界认知的不断演变和适应。其基本属性可以做如下归纳：

1. 高深专门知识的内容

高校学科的基本组成材料是高深专门知识，这种知识体系既包括深奥的理论，也包括独特的研究方法和在特定领域积累的实践经验。学科的高深性是其显著特征之一，要求学者具备对某一领域的深入研究和创新的能力。这种深度要求不仅仅是对已有知识的理解，更需要学者在特定领域展现出独创性和突破性。高深专门知识的构建是高校学科的灵魂，它为学科提供了理论支撑和独特的研究路径，是推动学科不断向前发展的核心动力。

高深专门知识的形成是一个渐进的过程，最初体现在对传统理论的深刻理解。学科当中的个体需要通过深入学习和思考经典理论，建立起对特定领域的扎实基础。这包括对已有知识的深度理解，以及对理论框架的逻辑关系的清晰认识。然而，高深专门知识并非仅停留在理论理解上，更需要进行创新性研究，涉及现实问题的重新思考、未解之谜的深度探索，以及新的实证研究等。这个过程不仅是对学科发展历史的延续，更是对未知领域的勇敢探索，为学科的前沿拓展提供了源源不断的活力。学科内部需要形成了一套独特的语境，通过专业术语和规范，使得学科内的沟通和交流更为准确和精细。这种规范性的知识体系有助于确保学科内部的学术交流和研究的有效进行。

高深专门知识的形成不仅是学科的内在要求，也对学者提出了高要求。专家需要保持对新知识的敏感度，关注领域内的最新动态，以确保自身的知识体系能够紧跟学科发展的前沿。这要求学者具备持续学习和不断创新的动力，推动学科的不断进步。在这个过程中，学科内部的交流网络成为知识传承和更新的纽带，促使学科内部形成紧密的学术共同体，共同推动学科的繁荣和发展。

总体来说，高深专门知识的内容丰富多样，既包括对传统理论的深刻理解，也包括对新问题的前沿研究，构成了高校学科丰富的知识体系。这种知识的生成和传承不仅推动了学科的发展，也为社会的进步和问题的解决提供了坚实的理论基础。高深专门知识的探索和创新是学科前行的不竭动力，为培养具有创造力和解决问题能力的专业人才提供了重要支持。

2. 结构性的学科组成方式

高校学科的结构性特征使其成为一个复杂而有序的知识网络，包括各种学科的相互关联和学科内部的组织。这种结构性的组成方式为学科的发展和知识的全面进步提供了有力支持。

在高校学科中，结构性的表现不仅仅局限于各学科内部，更包括学科之间的相互关联和交叉。不同学科之间的关联性体现在它们在问题解决、研究领域和方法上的交汇点。这种学科之间的交叉不仅丰富了知识的层次和内容，同时也促进了不同学科之间的相互启发。以生物化学为例，它作为生物学和化学的交叉领域，将两者的知识融合在一起，形成了新的学科范畴。这种跨学科的协作不仅有助于拓宽学科研究的视野，还促进了知识的创新和解决跨领域问题的能力。通过这种相互关联，学科之间形成了紧密的合作网络，为跨学科研究和知识的深度发展创造了良好的环境。

高校学科的结构性还体现在学科内部的组织。学科内部的组织包括各个专业领域的划分、层次结构的建立以及知识的分类体系。以计算机科学为例，该学科可细分为计算机网络、人工智能、数据库等多个专业领域，每个领域都具备独特的研究方向和方法。这种内部结构使得学科的教学和研究更具有组织性，有助于学生更好地理解和掌握知识，同时也为学科的深入研究提供了明确的方向。通过这样的内部组织，学科能够更加系统地传授知识，培养学生的专业素养，并为学科的不断进步奠定基础。

这种结构性的学科组成方式有助于促进学科之间的合作与发展，推动知识的全面进步。在这个复杂而有序的知识网络中，学者们通过对学科的深入研究和跨学科的交流合作，共同推动整个知识的不断拓展。通过跨学科的协同努力，学科能够更好地应对现实世界的复杂问题，为社会提供更加全面、深刻的解决方案。这种结构性的特征使得高校学科成为一个既有机、又协调发展的知识体系，为未来的学科研究和人才培养提供了坚实的基础。

3. 实现高校职能的基础

高校学科作为高校实现各项职能的基础，包括教学、研究和社会服务。这一基础性特征表明学科的发展不仅是高校自身繁荣的关键，也是为社会作出贡献的核心途径。

高校学科作为教学的基石，通过为学生提供高深专业的知识，实现了培养各个领域专业人才的目标。高校的教学活动以学科为载体，传递深奥的理论、方法和实践经验，使学生在特定领域内具备丰富的专业知识和解决问题的能力。学科的发展不仅推动了教学的深入和更新，也促使学生更好地适应社会的需求，为其未来的职业发展奠定坚实基础。

高校学科作为研究的支柱，推动了科学知识的创新和拓展。学科是高校进行科学研究的基本单元，各个学科的专业知识体系是科研活动的支持和引导。通过对特定领域的深入研究，学者们不断发现新的知识、提出新的理论，并通过科研成果的传播与交流，推动整个社会的科技进步。因此，学科的研究活动是高校为社会创造知识财富、推动科技发展的重要途径。

高校学科作为社会服务的保障，通过将学科知识应用于解决社会问题，为社会提供专业性服务。高校学科的发展使得高校能够为社会提供高质量的咨询、培训、技术支持等服务，帮助解决实际问题，促进社会的可持续发展。学者们通过将自己的研究成果和专业知识应用于实际，为产业、政府、社会组织等提供有针对性的支持和指导，实现了学科在社会服务方面的价值。

总体而言，学科作为高校的细胞，其在教学、科研和社会服务方面的价值实现是高校能够发挥其职能的基础，只有实现高质量的学科体系建设才能够实现高质量的高等教育发展。

4. 人才培养的目标导向

高校学科的目标与人才培养之间的紧密关联展现了学科发展与人才培养之间的相辅相成、互为支持的关系。作为知识的体系和组织形式，学科的发展方向和内涵直接塑造了高校对人才培养的规划和实践，为培养全面发展的专业人才提供了坚实基础。

学科的发展方向在很大程度上决定了人才培养的专业领域和层次。每个学科都拥有独特的专业特色和知识结构，因此，高校需要有针对性地制定人才培养目标，以确保学生在各自领域内具备必要的专业素养。例如，在科学、工程技术学科中，培养学生创新能力、工程实践能力和团队协作精神可能是至关重要的目标，以适应快速发展的科技领域需求。而在人文、社会科学学科中，强调学生的批判性思维、人文素养和社会责任感可能更为关键，为培养具有社会责任感和全球视野的专业人才奠定基础。这种因学科发展方向而有的差异性，使得高校的人才培养目标更具体、更符合实际需求。

学科的发展方向同时反映了社会对人才的需求。随着社会的不断演变，不同行业和领域对人才的需求也在不断变化。学科应当与社会需求保持紧密契合，通过调整发展方向，更好地迎合社会对各类专业人才的需求。这不仅能够使人才培养更贴合实际需要，还能够使高校的教育体系更加灵活应变，促进学科与社会之间的更加有机的互动。这种关系的密切性促使高校不断审视学科发展的时代背景，保持对社会需求的敏感性，从而更好地服务社会。

学科的发展目标也受到人才培养模式的影响。不同的人才培养目标可能需要采取不同的培养模式，以更好地培养符合行业和社会标准的专业人才。例如，强调实践能力的学科可能更注重实习和实践环节，为学生提供实际操作的机会，增强他们在实际工作中的适应性。而强调理论研究的学科可能更注重学术研究和创新，培养学生深厚的理论基础和创新思维能力。这种灵活的人才培养模式使得高校能够更好地满足不同学科领域的需求，为学生提供更加全面、个性化的教育体验。

总体而言，高校学科的发展目标与人才培养之间形成了紧密的关联，学科的研究方向和内涵直接影响了高校对人才培养的规划和实践。这种相互关系使得学科与人才培养共同服务社会需求，推动了整个高等教育体系的发展。通过不断调整和创新，高校能够更好地满足未来社会和产业的人才需求，为学生提供更为丰富、深入的学习体验，促进社会的可持续发展。

5. 以学术性为基本特征的学科活动

学术性是高校学科存在的前提，强调对知识进行系统研究、深度挖掘和创新，使得学科活动在学术层面展现出高度的专业性和科学性。

教学作为高校学科活动的重要组成部分，学术性贯穿于整个教学过程。在教学中，学科的学术性要求教师不仅传授知识，还注重培养学生的批判性思维、创新意识和独立研究能力。这种学术性的要求使得教学内容更加深入，强调理论的系统性和逻辑性，帮助学生理解学科的内在结构和知识体系。通过注重学术性，高校教学不仅关注知识的传递，更强调学生全面发展的培养，使得学生具备深刻的学科理解和独立思考的能力。

研究是高校学科活动的核心，也是学术性得以最充分体现的领域。学科研究要求深入挖掘问题背后的原理和机制，通过科学方法进行实证研究，推动学科知识的不断发展和创新。学术性的研究活动不仅包括理论层面的拓展，还涉及对实际问题的深入剖析，强调学术研究的严谨性和科学性。高校学科通过强调学术性的研究，不仅拓展了学科的理论深度，同时促使学科更贴近实际问题，为社会和产业提供了更为有效的解决方案。

学术交流同样是高校学科活动的重要组成部分。学科活动要求与同行进行学术性的交流与合作，促进学科知识的共享与传播。学术交流强调对学术观点、研究成果的讨论与分享，推动学科领域内的共同进步。通过学术交流，学科活动能够在广泛的学术社群中形成合作网络，促使不同学科间的知识交融，为学科的综合发展提供了有益的条件。

总体而言，以学术性为基本特征的高校学科活动注重深度、系统性和创新性。通过教学、研究和学术交流等环节，学科活动在学术领域内充分展现出专业性和科学性，推动学科的不断发展。这种以学术性为基本特征的学科活动不仅是高校教育的核心，也为社会和产业培养出更具学科深度和创新力的专业人才提供了坚实的基础。

6. 自主性与集聚性并存的活动方式

高校学科的活动方式既具有自主性又表现出集聚性，这两者的共存构成了高校学科活动的独特特征。自主性是高校学科活动的显著特征，表现在各学科在研究和教学上的独立发展。每个学科都拥有相对独立的思想体系、研究方法和教学模式，使得学科内部能够自主深入地挖掘自身领域。这种自主性在研究方面体现为对特定问题的深度研究，推动学科理论体系的不断拓展；在教学方面，则体现为依据学科特点和发展方向设计的独具特色的课程，培养符合学科需求的专业人才。

同时，高校学科活动也表现出集聚性，即不同学科之间的相互交流和合作。学科间的交流与合作促进了知识的交叉与融合，形成了广泛而有层次的知识网络。这种集聚性使得高校学科体系更为丰富和多元，有助于培养具备多方面知识背景和综合素养的人才。在教学方面，集聚性可以体现为跨学科的综合性课程，让学生接触多元化的知识，培养跨领域的思维和能力。在研究方面，集聚性表现为跨学科的合作项目，通过不同学科的专业知识和研究方法相互交融，推动学科知识的创新和发展。

总体而言，以融合创新为基础的高校学科活动，既强调自主性的独立深耕，又注重学科间的集聚与合作。这种并存的活动方式使得各学科既能专注于各自领域的发展，又能借助其他学科的力量，共同推动学科知识的不断创新和突破。通过自主性和集聚性的有机结合，高校学科体系得以更好地适应社会的多样性和复杂性，为培养具备广泛视野和综合素养的高素质人才提供了更为有力的支持。

7. 科学自身发展和综合作用的动力

高校学科演进的过程具有复杂性和多层次性，其发展既受到科学自身发展的内在逻辑推动，也在不同时期受到国家政治、经济、科技和社会传统等多重因素的综合作用。

学科的内在动力源于科学自身的发展逻辑。科学作为一种不断追求知识深度、广度和创新的活动，构成了学科发展的内在动能。高校作为知识的传承、创新和传播机构，通过不断推动科学前沿的研究，深化对知识体系的理解，以及通过教学和研究活动将最新的科学成果传递给学生和社会，致力于确保学科内部的知识体系能够保持活力和前瞻性。这种内在逻辑推动着学科在理论和实践方面的不断发展。然而，学科的发展并非仅受制于科学自身的内在逻辑，还受到综合因素的影响。国家政治、经济、科技水平、社会传统等多种因素协同作用，共同塑造着学科的发展方向。政府对科技的支持、社会对特定领域的需求、经济的发展方向等在不同历史时期都会对学科的设置和发展产生深远影响。例如，随着科技水平的提升，某些前沿学科可能得到更多的政府支持，以应对当代社会面临的复杂挑战。社会传统和文化背景也是影响学科发展的关键因素。学科的发展轨迹需要更符合当地社会和文化需求，以确保学科的研究方向和成果能够与社会的价值观相契合。这反映在学科的教学内容、研究方向以及对人才培养的需求上，使得学科在特定文化的基础上能够更好地融入社会背景。

总体而言，高校学科的动力系统既包括科学自身发展的内在逻辑，也涵盖国家政治、经济、科技、社会传统等多方面因素的综合作用。这种多面的引擎效应使得学科发展更具有韧性和适应性，同时也为高校学科的繁荣和创新提供了多元支撑。通过理解和平衡这些动力，高校能够更好地引领学科发展，促使其更好地服务社会和推动科学的进步。

（三）高校学科的发展

1. 高校学科的演化历程

高校学科的发展变革是与高校的发展相统一的，从中世纪古典大学，到当前的高校，大体可以分为五个阶段。

最早的中世纪大学形成于 12 世纪，如波隆那大学、萨莱诺大学、巴黎大学等，是当时学术研究和知识传承的中心。而当时学科的组成就已经具有明确的划分，主要分为文、法、医、神四科，其中神学地位尤为显著，被认为是四科之首，这种划分反映了当时社会对不同领域知识的需求和重视程度。当时学科的传承和发展受到行会组织的认可和影响。例如，1158 年，波隆那大学获得了专攻法律的知识分子行会的认可，这为法学的发展奠定了基础。类似地，萨莱诺大学以医学为中心，也得到了以医学为中心的行会组织的认可。另外，学科的发展与执教权和学术仪式密切相关。在巴黎大学，执教权和就职礼是学科传承和发展的关键环节。学生学徒期满后，通过就职礼获得教师社团首肯，成为一名教师，这一制度有助于保障学科的传承和质量。学科的分科培养体系初具雏形。巴黎大学设有神、法、医、文四科，这一传统一直延续至今。文学院则属于非专业教育单位，进行“七艺”

的课程，为学生提供基本知识素养。这种分科培养的模式为现代高校学科体系的起源奠定了基础。

在文艺复兴时期，人文主义运动、宗教改革运动和科学革命深刻影响了大学及其学科的发展。首先是人文学科兴盛和神学地位式微。文艺复兴运动重新定义了人的地位，强调以人代替神，这一思想转变在高校学科中表现为古典人文主义学科的逐步兴起。巴黎大学在 1458 年开设了希腊罗马文学讲座，而英国牛津大学于 15 世纪中叶也开始进行人文主义教育。这标志着人文主义在大学中占据了重要地位，挤掉了神学的垄断地位。学科的内容逐渐世俗化，注重对语言、文学、艺术、伦理、哲学等广义人文学科的研究。其次，文艺复兴运动推动了自然科学的兴起。这种变革使人们将对神的热爱转向自然和人类本身，为自然科学的兴起奠定了基础。受此影响，在大学中，自然科学逐渐恢复了古典时代对自然的探讨，成为学科体系中的一部分。

17 至 19 世纪初，自然科学获得了独立地位，在传统大学中受到了更多的重视。在 16 世纪末，自然科学开始从自然哲学中分化出来，逐渐形成了较为完整的知识体系。17 世纪中叶至 18 世纪末，零星的科学研究逐渐汇聚成历史上科学研究的高潮。此时，自然科学与技术迅猛发展，建立了初步的科学统一体系，其中力学、天文学、数学、化学等学科迅速崛起，科学活动逐渐趋向精细化和高度专业化[①]。尽管自然科学的革命主要发生在大学之外，但是一些大学开始在课程中引入近代科学思想和学说，如笛卡尔的二元论、先验论，以及牛顿的机械论。在法国，一些大学教授在 17 世纪开始引进新兴学科，如动

① 庞青山．大学学科结构与学科制度研究 [D]. 华东师范大学，2004.

力学、光学、数学，乃至化学。这反映了大学在一定程度上对纯理论自然科学的开放态度。然而，总体来说，自然科学的革命主要发生在大学之外，而大学在一段时间内仍持守传统的观念。大学强调对纯科学理论知识的传授，并将研究着重于纯粹的科学研究，以科学研究本身为目的。应用科学与技术科学被拒于大学之外，这促使一些国家在大学之外建立了专门化的技术学院和职业学校，以适应科技发展和工业革命的需要。这一双重体制在欧洲形成，标志着对于应用科学和技术的认可逐渐在新型的高等教育机构中得到了体现。

19 世纪中叶到 20 世纪中叶，工程技术学科被纳入高校学科体系，学科不断分化，标志着现代学科体系的进一步完善和多样化。技术学科在高等教育领域迅速发展。由于科学革命、公众需求以及启蒙运动对技能的重新评价，技术学科在 19 世纪现代学科中迅速涌现。一批工程学校和专门技术学院被提升为大学，如德国在 1860 年将中等工业学校升格为大学。在英国，由于实用技术在传统大雅之堂的大学中难以立足，因此很多城市学院开始兴起，而伦敦大学于 1836 年成立，专攻科学技术的学科也应运而生。法国采纳了多科技术学院的形式，为其他欧洲国家树立了榜样。美国在建国后特别致力于实用技术学科的发展，通过 1861 年的《莫雷尔法案》，政府资助的农业学院和工艺学院得以迅速发展，同时，美国最早的私立理工科大学——麻省理工学院也在同年成立。因此，实用技术学科逐渐在高校体系中占据重要地位，成为高校学科发展的一个新的方向。其次，自然科学的专门化趋势进一步加强。随着生产的发展和社会分工的深入，自然科学在这一时期经历了深刻的变革。微观物理学、生物科学、地质科学、航空科学等各类科学分支不断涌现，自然科学在高校结构中的地位逐渐上升。这不仅促进了自然科学的发展，也在一定程度上引发了人文学科与自然学科之间的对峙。19 世纪初到 20 世纪中叶，高校的文科和理科之间的关系持续紧张，两者被定义为两种完全不同、有时甚至是截然对立的认识方式。

20 世纪中叶以来，高校学科发展表现为学科门类的繁多和庞杂的学科体系的形成。现代科学在 20 世纪中叶以来继续分化，进行更为细致、深入的研究[①]。科学领域日益扩展，各个学科不断分门别类，对特定领域进行更深层次的探索。这一趋势表明现代科学在不断追求专业化和精细化的同时，也更加注重对特定领域的深入了解。科学的发展方向逐渐向高度综合化、整体化、社会化的方向演变。横断学科、综合学科、交叉学科等新的学科范式逐渐涌现。这些学科形式不仅揭示了物质世界和各门学科之间的相互联系，还强调不同学科之间的相互转化，反映了科学研究的综合性和复杂性。在这一背景下，高校学科门类开始日益繁多，学科划分变得更为精细。传统的自然科学、社会科学、人文科学、工程技术科学等大的学科门类逐渐形成了一个巨大而庞杂的学科体系。高校内涌现出了各种细分学科，覆盖了更广泛的研究领域，为学术研究提供了更多的选择和机会。

2. 高校学科发展的趋势

综合以上内容，我们可以发现高校学科的发展呈现出多个阶段的演进，从中世纪大学的形成、文艺复兴时期的人文主义兴盛，到 17–19 世纪初自然科学获得独立，再到 19 世纪中叶到 20 世纪中叶工程技术学科纳入大学学科体系，以及 20 世纪中叶以来学科门类繁多的阶段，每个时期都有其独特的学科发展特征。但是这些特征反映出学科体系本身的发展趋势：

---

① 庞青山 . 大学学科结构与学科制度研究 [D]. 华东师范大学，2004.

细分化：高校学科在发展过程中呈现出越来越专业化和细分化的趋势。从最初的文、法、医、神学四科到后来的人文学科、自然科学、社会科学、工程技术科学等，学科不断分支和深化，形成了庞大而精细的学科网络。

交叉性：随着科学发展的需要，高校学科逐渐朝着综合化、整体化、社会化的方向演变。横断学科、综合学科、交叉学科等新的学科形式涌现，强调不同学科之间的相互联系和合作，反映了学科发展的整体性和复杂性。

实用性：高校学科的发展受到社会需求和实用性的影响。在各个阶段，学科的发展都与社会、文化、科技等方面的变化和需求密切相关。例如，在19世纪工业革命时期，工程技术学科得到了迅速发展，反映了社会对实用技术的需求。

协同性：高校学科的发展是相互关联的，不同学科之间存在着相互影响和相互渗透的关系。学科的演变不是孤立的，而是在相互作用和相互借鉴的基础上实现的。例如，文艺复兴时期人文主义的兴起对自然科学的发展也产生了积极影响。

3. 关于高校学科发展的探讨

随着“双一流”建设的开展，关于学科发展和建设的研究已经成为当前高等教育研究领域的一个热点问题。作为一种规范化和制度化的知识体系，学科被认为是高等学校扮演其社会角色、履行其社会职能的根本条件和高等学校一切活动中最重要的元素[①]。关于学科建设的探讨主要是对学科关系和组织结构等相关问题的阐述，学科关系涉及不

① 龚怡祖，谢凌凌，陈金圣，常姝．大学学科运行与学科发展战略中若干问题的理论分析[J]. 高等教育研究，2011，32（10）：38-49.

同学科之间的组织安排、功能定位等[①]，因此在学科建设过程中，一味强调“一流学科”而对相关的弱势学科进行合并与裁撤，不利于构建科学的学科组织生态[②③]，学科形成特色和优势要切实把握好当前与长远的关系，努力构建同存共荣的生态结构[④]。此外，也有很多学者关于行业特色高校发展战略的研究触及了学科关系的层面，深刻剖析和阐述了优势学科与一般学科之间的关系。由于学科之间普遍存在着关联，相互之间呈现出一种复杂有序的耦合网络特征，优势学科需要相应学科支撑才能实现快速发展[⑤]。鉴于此，需要建立相互支持融合的紧密性的学科专业结构[⑥]，重构多学科体系、实现学科的再生性生长[⑦]，将已有的特色学科、优势学科做大做强，构建更有竞争力的学科群[⑧]，优化学科专业布局，为学科交叉融合创设良好环境[⑨]，带动相关学科建设，催

---

① Wagner C S, Roessner J D, Bobb K, et al. Approaches to understanding and measuring interdisciplinary scientific research(IDR):A review of the literature[J]. Journal of Informetrics,2011,5(1):14–26.

② 郭华桥．“双一流”背景下研究型大学弱势学科的治理逻辑[J]. 重庆高教研究，2016，4（06）：29–36.

③ 刘奕涛．“双一流”建设要为“弱势学科”发展留空间[N]. 中国社会科学报，2017–06–14（006）.

④ 许迈进，杜利平．美国研究型大学的学科发展战略及其启示[J]. 中国高教研究，2005（04）：76–77.

⑤ 刘献君．行业特色高校发展中需要处理的若干关系[J]. 中国高教研究，2019（08）：14–18.

⑥ 别敦荣．高等教育普及化背景下行业性高校发展定位[J]. 中国高教研究，2020（10）：1–8.

⑦ 陈大胜．“双一流”建设视域下行业大学如何推进跨学科学术组织变革[J]. 江苏高教，2020（11）：61–65.

⑧ 周统建．地方行业高校如何推进“双一流”建设——以入选“双一流”建设名单的江苏四所行业特色大学为例[J]. 中国高校科技，2019（Z1）：20–24.

⑨ 刘吉臻，翟亚军，荀振芳．新工科和新工科建设的内涵解析——兼论行业特色型大学的新工科建设[J]. 高等工程教育研究，2019（03）：21–28.

生新兴交叉学科，形成优势特色学科群，提升整个学校的学科建设水平和竞争力[①]。同样，促进学科的发展需要坚持可持续性、系统性和协同发展原则，构建互利共生的学科生态体系[②]。通过统筹学科生态系统实现多元合作、协同发展，建构共生型、培育式、相互价值让渡[③]的学科发展模式。

从目前关于学科体系建设的研究情况来看，对于学科系统性、协同性发展方向已经达成了共识，但是对于学科发展方向的分析大都倾向于外部资源投入增加，缺乏对于学科自身发展规律的深入探索；虽然对于优势学科与一般学科的关系有了比较深刻的阐述，但是对于如何进行学科建设与发展始终处于理论层面的概述，缺乏实证分析；对于行业特色高校优势学科的发展一般也是从高峰——高原——高地的方向上进行分析，而对优势学科对整个学科生态的影响作用却缺少必要的分析与论述。

二、溢出效应

（一）溢出效应的内涵

“溢出效应”的概念源于1890年经济学家Marshall在《经济学

① 刘军伟，冯征，吕勇，刘振兴．地方行业高校特色一流学科建设路径探析——以武汉科技大学为例[J].研究生教育研究，2017（04）：72-76.

② 张梅珍．行业特色大学综合改革进程中的学科生态重构[J].中国高教研究，2015(12):88-91.

③ 周统建．价值生态视角下一流学科建设高校弱势学科发展战略思考[J].江苏高教，2019（03)：44-49.

原理》中对产品部门之间相互刺激和影响关系的相关论述。20 世纪 20 年代，Pigou 对这一概念加以丰富和发展，明确了经济活动中的“外部性”问题，随后这一问题被逐渐引申为经济活动中经常存在的对第三者的经济影响，形成了诸如 MAR 外部性、Porter 外部性、Jacobs 外部性、租金外部性等具体分类①。例如经济发达地区对周边区域的带动作用②、高等教育对中国区域经济增长的影响作用③、学校对文化精神的传承、推广作用④，都可以称为溢出效应。

从环境角度看，溢出效应是指某种行为对周边环境产生的影响。例如，当某个城市的人口增长过快时，会导致水和空气污染等环境问题的出现。这些问题不仅会影响当地居民的健康，还会影响整个地区的环境质量，产生负面的影响。从社会角度看，溢出效应是指某种社会行为对周边社会产生的影响。例如，当某个地区的犯罪率上升时，会导致当地居民的安全感下降，从而影响整个地区的社会稳定。这种负面的溢出效应可能会导致更多的犯罪行为出现，形成恶性循环。除了负面的溢出效应，还存在着正面的溢出效应。例如，当某个地区的教育水平提高时，会吸引更多的高素质人才来到这个地区，促进经济和社会的发展。这种正面的溢出效应会进一步提高当地的教育水平，形成良性循环。

从溢出效应的划分上来看，可以分成知识溢出效应和技术溢出

---

① 赵勇，白永秀.知识溢出：一个文献综述 [J]. 经济研究，2009，44（01）：144-156.

② 覃成林，杨霞.先富地区带动了其他地区共同富裕吗——基于空间外溢效应的分析 [J]. 中国工业经济，2017（10）：44-61.

③ 余洁，王增涛，李依颖.高等教育服务出口对中国区域经济增长的空间溢出效应 [J]. 西安交通大学学报（社会科学版），2020，40（06）：89-100.

④ 寇光涛，刘竹青.“曲周精神”的溢出效应、动力机制及其对高校科研队伍建设的启示 [J]. 中国农业大学学报（社会科学版），2020，37（03）：130-136.

效应，以及经济溢出效应。经济溢出是指一个事物在发展的过程当中，带动了其他事物，或者是该事物其他方面的发展，这种效应可以称之为溢出效应，对于国家的经济生活来说，市场上的总需求和国民收入的增加，对于本国的经济生活会产生很大影响，与此同时也会对别的一些相关国家和地区造成一定的影响，这也可以称之为经济生活的一种溢出效应。在了解溢出效应的基本理论之后，采取相应的策略来提高溢出效应，这是每一个企业发展都需要思考的问题。技术溢出是指可以通过提高人力资本水平，来提高对技术溢出的吸收能力，因为只有这样才能够充分发挥技术溢出正效应，对于那些中小微企业来说，尤其应该注重企业内部的技术专业人才，因为这是决定企业吸收溢出效应能力强弱的关键性因素。为了能够进一步提高企业的吸收能力，除了需要重视人才之外，还应该完善企业的技术创新体系，加强每一个企业的自主研发能力。想要做到这一点，可以采取比较开放的发展政策。

（二）高校与知识溢出

随着区域产业不断更新迭代，知识经济的价值日益凸显，高校在地区发展上的作用逐渐被重视起来。相关研究逐渐丰富，这些研究包括经济活动的专业化和多样性对知识溢出的影响[①]、研究实验室的公共资助研究对国家工业创新的影响[②]、科学产出和影响力随着团队规模的

① Audretsch D B, Feldman M P. Innovation in Cities: Science-Based Diversity, Specialization and Localized Competition[J]. CEPR Discussion Papers, 1998, 43(2):409-429.

② Beise M, Stahl H. Public Research and Industrial Innovations in Germany[J]. Research Policy, 1999, 28(4):397-422.

关系等方面的影响①。与此同时地理位置因素和主体关系因素对知识溢出的影响也逐渐成为研究重点，例如高校的地理邻近性、研究和人力资本以及不同的知识类型都会影响知识的溢出效应；源自协作网络和社交网络的影响②；以非市场“溢出”的高校发明的知识流本地化影响③。此外，根据知识溢出理论学者们也提出相应的经济发展模型，例如以创业知识溢出理论为基础，开发了高校与商业合作的正式模型④；借鉴创业知识溢出理论建构区域的知识溢出和企业的吸收能力模型⑤；通过对联合专利的调查揭示高校与产业合作和国际知识溢出模型⑥；通过知识溢出支持系统的创新生态系统模型⑦。

20 世纪 90 年代末，Leydesdorff 和 Etzkowitz 引进了三螺旋模型

---

① James, D, Adams, et al. Scientific teams and institutional collaborations: Evidence from U.S. universities, 1981 - 1999[J]. Research Policy, 2005,34(3):259–285.

② Ponds R, van Oort F, Frenken K. Innovation, spillovers and university–industry collaboration: an extended knowledge production function approach[J]. Journal of Economic Geography, 2010,10(2):231–255.

③ Mowery D C, Ziedonis A A. Markets versus spillovers in outflows of university research[J]. Research Policy, 2015,44(1):50–66.

④ Leyden D P, Link A N. Knowledge spillovers, collective entrepreneurship, and economic growth: the role of universities[J]. Small Business Economics, 2013,41(4):797–817.

⑤ Jesus Rodriguez–Gulias M, Fernandez–Lopez S, Rodeiro–Pazos D, et al. The role of knowledge spillovers on the university spin–offs innovation[J]. Science and Public Policy, 2018,45(6):875–883.

⑥ Messeni Petruzzelli A, Murgia G. University–Industry collaborations and international knowledge spillovers: a joint–patent investigation[J]. Journal of Technology Transfer, 2020,45(4):958–983.

⑦ Davies G H, Flanagan J, Bolton D, et al. University knowledge spillover from an open innovation technology transfer context[J]. Knowledge Management Research & Practice, 2021,19(1SI):84–93.

来分析“高校—产业—政府之间的互动关系”[①]。在此模型基础上，将高校的影响因素作为产业发展与创新的重要变量，鼓励高校边界的渗透性是创建创业型高校的第一步，也是最成功的创新地区的驱动力[②]；高校—产业—政府关系三重螺旋中的旋转对称可以促进创新系统转型[③]。此外学者们对于落后地区的高校和经济发展的“三螺旋”政策[④]；三螺旋模型与青年研究人员创业意愿[⑤]；高校—产业—政府合作的知识流动，对一个地理区域内知识创造和管理的影响[⑥]；也有学者将传统的从“三螺旋”区域创新发展为“四螺旋”模型[⑦]。近年来，我国学者关于高校对行业企业影响的研究逐渐增多，将知识创造、知识扩散、

---

① Etzkowitz H, Leydesdorff L. The dynamics of innovation: from National Systems and “Mode 2” to a Triple Helix of university–industry–government relations[J]. Research Policy, 2000, 29(2):109–123.

② Etzkowitz, H., Triple helix clusters: boundary permeability at university–industry–government interfaces as a regional innovation strategy[J]. Environment and Planning C–Government and Policy, 2012. 30(5):766–779.

③ Ivanova I A, Leydesdorff L. Rotational Symmetry and the Transformation of Innovation Systems in a Triple Helix of University–Industry–Government Relations[J]. Technological Forecasting & Social Change, 2014, 86(8):143–156.

④ Pugh R. Universities and economic development in lagging regions: ‘triple helix’ policy in Wales[J]. Regional Studies, 2017, 51(7):1–12.

⑤ Feola R, Vesci M, Botti A, et al. The Determinants of Entrepreneurial Intention of Young Researchers: Combining the Theory of Planned Behavior with the Triple Helix Model[J]. Journal of Small Business Management, 2017, 57(4): 1424–1443.

⑥ Peixoto L, Barbosa R R, Faria A. Management of Regional Knowledge: Knowledge Flows Among University, Industry, and Government[J]. Journal of the Knowledge Economy, 2021(3):1–19.

⑦ Mcadam M, Debackere K. Beyond ‘triple helix’ toward ‘quadruple helix’ models in regional innovation systems: implications for theory and practice[J]. R&D Management, 2018, 48(1):3–6.

知识吸收应用作为统一过程[①]，与知识本身特性相互关联[②③]，主要通过人员流动[④]、创业[⑤⑥]、产学研合作得以运转，区域产学合作被视为高校知识溢出的重要来源和载体[⑦⑧]。

高校学科体系作为相关领域知识的有序聚合体，其发展有赖于学科体系的优化和学科间的良性互动，构建相互支撑的学科体系，鼓励学科发展变革成为当前的改革方向，但是目前的研究成果大多是将综合型高校的学科发展策略平行移植，对行业特色高校学科生态特殊性分析不够具体；优势学科在整体学科生态中地位和功效，与其他学科之间互动关系等问题仍然缺乏系统论证；对于学科之间的关系更倾向于分析其他学科对优势学科的支持，对优势学科的知识扩散与带动作用分析较少。因此，从学科发展溢出效应的视角对优势学科发展的外部收益和学科之间的关联进行深入解读，掌握其变化规律和作用机制，分析主要影响因素，进而探索促进学科建设的有效路径，已经成为当前研究的主要趋势和重点任务。

---

① 郭泉恩，孙斌栋．官产学合作是否促进了区域创新——来自中国地级及以上城市的证据 [J]. 教育学术月刊，2017（08）：29–40.

② 田华．基于知识溢出的区域性大学发展研究 [D]. 浙江大学，2010.

③ 汪卫平，叶忠．文化资本对大学毕业生就业支持性的分析 [J]. 当代青年研究，2015（02）：100–105.

④ 李芳．大学知识溢出与区域创新体系互动研究 [J]. 经济研究导刊，2013（32）：118–119.

⑤ 李雯，夏清华．大学知识溢出驱动的双元创业能力构建研究 [J]. 科学学研究，2016，34（12）：1847–1855.

⑥ 李姗霖，熊淦，吴亭燕，黄明东．研究型大学知识溢出路径——基于知识溢出创业理论 [J]. 中国高校科技，2017（06）：68–70.

⑦ 何郁冰．产学研协同创新的理论模式 [J]. 科学学研究，2012，30（02）：165–174.

⑧ 姚潇颖，卫平，李健．产学研合作模式及其影响因素的异质性研究——基于中国战略新兴产业的微观调查数据 [J]. 科研管理，2017，38（08）：1–10.

三、高校学科发展的溢出效应

（一）学科关联与发展溢出

学科作为知识的系统性组织和高校的基本单元[①]，在现代科学和教育体系当中存在着分化与综合统一的辩证关系，呈现出“独立联合”网状化特质[②]。从知识角度来看，学科知识都是人们在认识世界和改造世界过程中衍生出来的方法逻辑体系，这种树形结构在根源上是辩证统一的；从组织形式来看，学科之间共同存在于高校管理架构之内，互相之间存在着既联合又竞争的关系。当前国家正在推进“双一流”建设的总体战略，遵循“总体规划，分级支持”的基本原则，鼓励高校“发挥优势、办出特色”，这为行业特色高校的发展提供了方向和路径。2015 年 10 月国务院出台的《统筹推进世界一流大学和一流学科建设总体方案》以及 2017 年 1 月教育部、财政部、国家发改委印发的《统筹推进世界一流大学和一流学科建设实施办法》都提出了相应的要求，例如，“坚持以学科为基础”的发展原则、“引导和支持高等学校优化学科结构，凝练学科发展方向，突出学科建设重点”的要求以及“打造更多学科高峰，带动学校发挥优势、办出特色”的方略等等，这些政策的出台将我国高校学科体系建设推向了一个前所未有的高度。2018 年 8 月，教育部发布的《关于高等学校加快“双一流”建设的指导意见》再次强调要以学科为基础，注重结构布局优化协调，统筹学校整体建设和学科建设。学科的发展不仅要获取足够

① 别敦荣．论大学学科概念 [J]. 中国高教研究，2019（09）：1-6.

② 向东春．基于生态学的现代大学学科发展特质与路径分析 [J]. 中国高教研究，2013（10）：71-75.

的优质资源，完善学科内部治理体系，同时还要置身于相互协同、相互支撑、共生共荣的良性学科生态之中，从“管理—投入”模式逐步实现向“整合—协同”模式的转变。在当前学科体系交叉与融合的大趋势下，实现学科间联动作用的最大化已经成为学科体系建设的突破口和着力点。

高校学科体系的演化是长期建设和发展的产物，通常从具有特定优势的学科发展而来。这一演化过程并非偶然，而是对外界需求和学科特色的有机回应。通过对这些学科的持续发展，高校逐渐构建了较为完善的学科体系，形成了共生群落，其中各个学科相互关联、相互依存。优势学科在这个体系中扮演着引领者的角色，其研究成果和创新理念渗透到其他学科，形成了交叉学科的知识共享。这些优势学科具备卓越的竞争力，表现出明显的领域导向性。其强大的知识资本和科研实力使其在学科体系中具有绝对的统治力。优势学科的特性不仅表现在其在相应领域的卓越竞争力上，还体现在其拥有领先地位或先进水平、获得认可的学科特色。这使得这些学科在整个高校学科体系中具有示范作用，引导其他学科学习、模仿，推动整个学科生态系统向更加优化、健康的方向发展。这些优势学科所积累的丰富经验和资源不仅在相应领域展现卓越竞争力，还在整个高校内部产生了显著的溢出效应。通过内部的知识联动机制，这些学科的研究成果和创新理念得以共享和传递到其他相关学科，形成了良性的知识溢出。同时，优势学科在吸引、培养高水平的研究人才方面发挥着关键作用，为整个高校的人才培养提供了经验和资源支持。这种溢出效应使得优势学科不仅在自身领域取得成功，还为整个高校创造了有利条件。优势学科具有示范作用，引导其他学科学习、模仿，推动整个学科生态系统向更加优化、健康的方向发展。同时，作为高校品牌和发展的支撑，这些优势学科通过其卓越的影响力，为整个高校赢得了声誉和地位，推动了学校整体的不断提升。这种互动关系使得高校学科体系更具有活力和竞争力，为高校的长远发展提供了坚实的基础。

（二）高校优势学科发展溢出效应

目前并没有关于学科发展溢出效应的直接阐释，关于学科发展溢出的探究更多体现在学科之间关系层面，相关领域的学者主要是通过梳理统计、知识图谱、社会网络可视化分析等方法对于学科知识的扩散情况进行测度和分析。如从论文、专利、作者、期刊、机构、国家等层级进行聚合分析，确定学科之间的关联，并对学科知识的交叉、扩散、联系进行分析[①②③]。这些成果能够清晰反映出学科体系的演化遵循“单一学科—学科系—学科群”的发展脉络，若干学科之间会产生依赖、促进、移植等互动行为[④]，由于学科之间存在普遍的关

① 吕岩威，刘洋，李平．中国技术经济研究的动态知识图谱分析 [J]. 科学决策，2017，（08）：69–94.

② 魏守华，顾佳佳，姜悦．多维视角下知识溢出机制与测度的研究述评 [J]. 研究与发展管理，2019，31（03）：121–133.

③ 侯剑华，郑碧丽，张洋．科学知识扩散研究：概念界定、理论基础与体系重构 [J]. 现代情报，2020，40（09）：117–126.

④ 胡仁东．论大学优势学科群的内涵、特点及构建策略 [J]. 中国高教研究，2011（08）：50–53.

联[①]，相互之间呈现出一种复杂有序的耦合网络特征[②③④]，学科知识的传播扩散促进了学科的协同、交叉、融合、发展与创新[⑤]。不断推进外部知识融合、内在知识汇聚与科学合作[⑥]，因此需要通过统筹学科生态系统实现多元合作、协同发展，建构共生型、培育式、相互价值让渡[⑦]的学科发展模式，避免“单兵作战”，实现主体学科、主干学科、支撑学科、特色学科协同发展[⑧]，形成基础学科、优势学科以及特色学科群落[⑨]，通过集群组合、领域构建、生态布局等方式进行学科调整[⑩]，通过加强关联学科之间的共享和互通推进学科共同发展。

学科发展溢出效应是一种研究领域内学科发展对其他相关学科产生积极影响的现象。在本研究中，这一效应特指某一学科在其自身发展过程中对关联学科发展产生的影响。这一概念着眼于理解学科之间

① 宋亚峰，王世斌，潘海生．一流大学建设高校的学科生态与治理逻辑 [J]. 高等教育研究，2019，40（12）：26–34.

② 武建鑫．学科生态系统：核心主张、演化路径与制度保障——兼论世界一流学科的生成机理 [J]. 高校教育管理，2017，11（05）：22–29.

③ 徐贤春，朱嘉赞，吴伟．一流学科生态系统的概念框架与评价模型——基于浙江大学的实证研究 [J]. 江苏高教，2018（09）：16–20.

④ 王曰芬，王金树，关鹏．主题－主题关联的学科知识网络构建与演化分析 [J]. 情报科学，2018，36（09）：9–15，102.

⑤ 岳增慧，许海云．学科引证网络知识扩散特征研究 [J]. 情报学报，2019，38（01）：1–12.

⑥ 黄颖，张琳，孙蓓蓓，王志楠，朱东华．跨学科的三维测度——外部知识融合、内在知识会聚与科学合作模式 [J]. 科学学研究，2019，37（01）：25–35.

⑦ 周统建．价值生态视角下一流学科建设高校弱势学科发展战略思考 [J]. 江苏高教，2019（03）：44–49.

⑧ 王战军，翟亚军．论高校学科建设中的战略思维 [J]. 高等教育研究，2008（10）：16–20.

⑨ 何晓芳．学科嵌入式治理：一流学科生成与发展的制度逻辑 [J]. 中国高教研究，2019（09）：29–34.

⑩ 胡建华．“双一流”建设对高校学科调整的影响 [J]. 南京师大学报（社会科学版），2019（04）：20–26.

的相互作用，认为一个学科的繁荣和进步并非孤立存在，而是可能引发相关学科的发展，形成一种多方共赢的关系。首先，学科发展溢出效应的研究可以关注不同学科之间的知识共享和交流。随着一门学科的深入发展，其所涉及的前沿知识和创新成果可能会渗透到其他相关学科领域。这种知识传递不仅有助于提升相关学科的研究水平，还推动了整个学科体系的协同发展。例如，新兴的跨学科研究方向可能由一个学科的创新成果引领，从而带动多个学科共同参与。其次，学科发展溢出效应还可以在人才培养方面展现。一个学科的蓬勃发展可能会吸引更多的研究者和学生投身其中，形成人才的聚集效应。这些人才不仅会为该学科的发展提供助力，同时也可能为其他相关学科注入新鲜的智慧和活力。在这一过程中，交叉学科的人才培养成为可能，为未来的跨领域研究奠定基础。此外，学科发展溢出效应还可能在科研项目和资源分配上产生积极影响。一个学科的研究成果和创新经验可能会被用于支持相关学科的科研项目，形成资源共享和协同合作的局面。这样的互动机制不仅有助于提高整个学科群体的研究效率，也有助于在资源有限的情况下实现更广泛的科研影响。总之，学科发展溢出效应的研究对于深化我们对学科交叉与整合的理解至关重要。通过关注学科发展的相互影响，我们可以更好地把握学科之间的协同机制，为未来学科发展的战略规划和资源配置提供更为科学的依据。

学科发展溢出效应一般体现在不同学科之间相互引领、相互带动的过程中。在学科发展历史上，学科组织模式建立在学科分化的基础之上①，中世纪至今，高校经历了神学—古典文学—应用科学—纯粹

① 陈小娟．高校本科专业设置预测模型构建 [M]. 广州：广东高等教育出版社，2015：42.

科学—多学科共存的转变①。在当代，这种分化发展模式仍然在学科演化和发展过程中起着重要作用。例如大连理工大学的化学学科通过本身的溢出，产生了生命科学、环境科学和制药学，并快速发展，在学科评估中取得很好成绩；厦门大学的农学学科在没有专门院系组织的情况下进入了ESI排名的前100，这主要得益于能源、医学、环境与生态、化学与化工、海洋等学科领域的发展②。这种实现学科分化和知识扩散内在机制就是学科发展的溢出效应，是一种促使学科从无到有、从弱到强的外部力量。以我们研究的行业特色高校为例，与行业联系最为紧密的学科发展明显要好于周边学科，但是随着高校自身的发展，优势学科与非优势学科不断进行互动，逐渐的使学科体系趋向于多元化的方向发展。在行业特色高校的发展历程中，由于最初成立主要围绕着某一特定行业构建的学科发展而来，因此优势学科的地位比较突出，由于人员交往、分化、资源共享等方式，学科逐渐地趋向于多元，这个过程就是学科发展溢出效应的体现。在高校学科体系建设过程中，由于优势学科在知识生产、知识传播、知识应用等方面具有较多的资源和丰富的经验，其他学科会利用这一资源不断的模仿这一成功路径，并且将优势学科的一些资源充实到自身的建设当中。从知识流动角度来看，优势学科通过知识的共享、转化、整合等特定过程将学科知识系统进行有机联系，提升知识利用效率，推动整体发展。在人员供给方面，通过组织分化、人员内部流动等方式带动周边学科组织的不断进步。

---

① 瞿亚军.高校学科建设模式研究[M].北京：科学出版社，2011：67.

② 武建鑫.世界一流学科的政策指向、核心特质与建设方式[J].中国高教研究，2019（02）：27-33.

第二章　我国行业特色高校的发展特征

行业特色高校专注于培养专业科学技术人才，其发展与相关行业天生紧密相连。同时，作为社会的重要组成部分，它的发展与政治、经济、科技、教育、文化等方面都有紧密联系，并受到这些领域的影响。通过对其发展历程、基本特征和现实困境的分析，有助于深入了解行业特色发展的内在逻辑，明确其学科发展溢出效应的基本属性。

一、我国行业特色高校的发展历程

行业特色高校的发展历程经历了四个阶段。建国初期的院系调整初步形成了具有行业特色的高校体系；在改革开放后，得益于对外开放政策和市场经济机制的推动，高校在各个领域取得了发展；体制转轨与部门高校划转时期，高校在适应新时期的经济发展需求和社会变革的同时，经历了体制机制的调整和优化。新时期特色化发展阶段标志着行业特色高校在新时代背景下的崭新发展，积极应对全球化和技术创新带来的挑战，致力于培养更加符合时代需求的人才，推动高校朝着更高水平的目标迈进。

（一）院系调整与行业特色高校的产生

新中国成立之初，针对旧中国高等学校的内部结构和地区分布问题，进行了一系列的调整。此前，高等学校内部系科庞杂，学科专业结构不合理，且工科院校相对偏少。为适应国家建设的需求，政府决定对高校及院系设置进行调整，将高等教育纳入国家计划经济，强调发展与重工业相关的专业领域。

1949 年底，北京大学、清华大学、华北大学等高校的农学院进行了合并，新成立的北京农业大学即为其中之一。1950 年 6 月，全国第一次教育工作会议确定了高等学校院系调整的任务，并逐步推动了这一调整过程。1951 年 11 月，全国工学院院长会议召开，强调以培养工业建设干部和师资为重点，发展专门学院和专科学校，为后续院系大调整打下了基础。院系调整的主要形式包括校名不变的专业结构调整、学校撤销及其专业合并入其他学校、另行建立新校等。这一系列的调整在 1952—1953 年涉及的学校占全国高校总数的 3/4，对高等学校布局和结构进行了全面优化。不仅如此，这一时期还撤销了 44 所私立大学及教会学校，为新中国高等教育的发展创造了更加有利的环境。调整后，全国新设高校 31 所，包括 11 所工业院校、8 所农业院校、3 所师范院校、2 所医药院校、6 所财经院校，共同构建了新中国高等教育的总体格局。

1955 年开始，院系调整正式启动，强调高等工业学校的设置要逐步与工业建设和地方发展相匹配，以促进高等教育与国家工业化进程的紧密结合。此后的三年时间共有 27 所高等学校由沿海迁至或加强在西安、兰州、成都、重庆、内蒙古等地，或在这些地方新建高校。新建学校如成都电讯工程学院、西安建筑工程学院、西安动力学院、重庆医学院等，明显具有行业特色。通过这一系列的院系调整，国家将所有高等学校全部改为公立，实行了高等工业学校和工业基地相结合的办学模式。各中央部门负责举办和管理本部门的高等院校，培养为本部门经济发展所需要的人才。形成了单一的国家办学体制，实行了统一招生、统一考试、毕业生统一分配的制度。这一模式使行业性院校与特定行业的实际需要密切结合，实行定向培养，强调学以致用、教学和实践相结合。然而，这种模式也带来了一些弊端，如在高校和学科之间形成了壁垒，缺乏协调机制，以及对工科的过度重视，导致学校整体发展受到限制。

随着高等学校规模的急剧膨胀，从 1957 年到 1960 年，全国全日制高等学校数量从 229 所激增到 1289 所。此后国家逐渐认识到了高等教育“大跃进”存在的问题以及中央行业部门管理的局限，逐渐采取下放高等学校办学权力的措施，60 年代以后将 187 所高校下放地方管理，推动地方政府更积极参与高等教育。然而，这也导致了高校数量的过度膨胀，为了整顿，到 1965 年，全国高校数量锐减为 434 所。在“文革”期间，绝大多数高校被下放地方管理。“文革”结束后，高等学校的管理恢复到 1963 年的状况，同时国家开始对办学模式进行反思，逐步演变为更为开放和灵活的体制，为我国高等教育的发展奠定了更为合理的基础。

（二）改革开放后的行业特色高校的快速发展

1978 年 2 月，国务院转发教育部《关于恢复和办好全国重点高等学校的报告》，要求全国重点高校在管理上实行有关部委和省、自治区、直辖市双重领导，以部委为主。这些高校涵盖了农业、医学、航空航天、建筑、矿业等多个领域，包括中国农业大学、北京医科大学、北京航空航天大学、中国矿业大学、中国地质大学等160所。随着社会经济的不断发展，这些部门所属高校的数量迅速扩大。到1980年底，由各有关部委领导的高等学校增至264所。除了教育部所属的38所高校，其余则由中央业务部门进行管理，到1985年，中央业务部门直属高校达到289所。到1994年，这一数字增加到334所，占全国高校的31%①。

行业部门办学既不同于国家主管教育部门的办学，也不同于地方政府的办学，在其发展过程中形成了自身的特点。首先，在人才培养的针对性上，更容易实现按需培养。所属高校大多是以为本部门、本行业培养所需要的高级专门人才为主，培养目标、课程结构、教学方式等方面，与所属行业的需要相一致。而且在实施培养计划的过程中，具有较强的灵活性，可以随着产业结构的发展和变化调整人才培养方案，能把教育资源较好地配置到社会、经济发展最需要的环节中去。其次，在人才培养方式上，有利于实现教学、实践、科研一体化。各高校大都是分布在行业所属企业比较密集的区域，大都是一些本行业需要的学科专业，依托行业形成了研究生、本科、专科和成人教育的多层次办学体系。直接服从和服务于本行业发展需要，对科研投入和成果推广积极性高；能够实现产、学、研结合，拥有充足的实训场所和科研设施；毕业生质量可随时得到反馈，便于学校及时调整教学计划提升教学质量。第三，在资源配置上，更容易实现宏观调

① 赵庆年，张亚群.部门办学与高等教育的改革和发展[J].煤炭高等教育，2003（04）：19–22.

控下的市场调节。行业部门处于行业发展的核心机构，能够将全国范围内的学校和专业布局以及资源调配，很好地适应改革后的经济发展需要，包括区域经济发展的需求，同时保证国家重点工程、老少边穷及艰苦行业发展所需的人才，有较好的办学效益[①]。第四，在文化渗透上，更容易形成努力为行业服务的价值观念。由于学校本身就处于行业文化的氛围之中，在潜移默化之下会对本行业价值观念形成认同。例如煤炭行业就教育学生“学煤、爱煤、献身于煤炭事业”，发扬艰苦奋斗，无私奉献，“有一分热发一分光”“燃烧自己，照亮别人”的“乌金”精神。石油院校就以“爱国、爱石油、献身石油”为主要特征的大庆精神来教育学生热爱石油事业，为甩掉石油落后的帽子而发扬“有条件要上，没有条件也要上”的“铁人”精神这些教育在当时的情况下对于稳定人才，调动科技人员的积极性起到了重要作用，有许多人就是在这一教育下毕业时毅然奔向大西北等偏远落后地区[②]。

表 2-1　主要行业部委所属院校一览表[③]

行业部委	直属学校
航天部	哈尔滨工业大学；北京航空航天大学；西北工业大学；南京航空航天大学；南昌航空学院；沈阳航空学院；郑州航空工业管理学院；华北航天工业学院；成都航空职业技术学院；桂林航天工业高等专科学校；西安航空技术高等专科学校
民用航空总局	中国民用航空学院；中国民用飞行学院；广州民航职业技术学院

① 国家教育发展研究中心“教育体制改革研究”课题组．中央业务部门办学和管理体制改革研究报告 [J]. 教育研究，1994（11）：24–30.

② 赵庆年，张亚群．部门办学与高等教育的改革和发展 [J]. 煤炭高等教育，2003（04）：19–22.

③ 高树仁．行业划转院校省部共建模式研究 [M]. 沈阳：辽宁人民出版社，2016，11–15.

续表

行业部委	直属学校
兵器工业总公司	北京理工大学；南京理工大学；长春光学精密机械学院；中北大学；西安工业学院；沈阳工业学院；重庆工业管理学院；包头职业技术学院
电子工业部	电子科技大学；西安电子科技大学；杭州电子工业学院；桂林电子工业学院；北京信息工程学院
地质部	中国地质大学；长春地质学院；西安地质学院；成都地质学院；河北地质学院
纺织部	东华大学；天津纺织工学院；苏州丝绸工学院；西北纺织工学院；浙江丝绸工学院；北京服装学院；郑州纺织工学院；武汉纺织工学院；南通大学
水利电力部	华北电力大学；武汉水利电力大学；北京电力经济学院；北京电力高等专科学校；东北电力大学；葛洲坝水利电力学院；长沙理工大学；上海电力学院；太原电力高等专科学校；沈阳电力高等专科学校；长春水利电力高等专科学校；南京电力高等专科学校；山东电力高等专科学校；郑州电力高等专科学校；西安电力高等专科学校；重庆电力高等专科学校
水利部	河海大学；常州水电机械制造职工大学；华北水利水电学院；黄河水利职业技术学院；南昌水利水电高等专科学校
石油部	中国石油大学；大庆石油学院；西安石油学院；长江大学；抚顺石油学院；江苏石油化工学院；北京石油化工学院；承德石油高等专科学校；广东石油化工高等专科学校；胜利油田师范专科学校；西南石油学院；新疆石油学院
化工部	北京化工大学；南京化工大学；郑州工学院；青岛化工学院；辽宁科技大学；武汉工程大学；吉林化工学院；南京动力高等专科学校；连云港化工高等专科学校
煤炭部	中国矿业大学；阜新矿业学院；山东矿业学院；西安矿业学院；焦作矿业学院；山西矿业学院；淮南矿业学院；华北煤炭医学院；河北煤炭建筑工程学院；中国煤炭经济学院；湘潭矿业学院；黑龙江矿业学院；淮北煤炭师范学院；鸡西煤炭医学高等专科学校；北京工业职业技术学院
冶金部	北京科技大学；东北大学；沈阳黄金学院；西安冶金建筑学院；武汉钢铁学院；鞍山钢铁学院；江西矿冶学院；包头钢铁学院；青岛建筑工程学院；本溪冶金高等专科学校；长春工业高等专科学校；沈阳工业高等专科学校；重庆工业高等专科学校；哈尔滨工程高等专科学校

续表

行业部委	直属学校
有色金属公司	中南大学；昆明工学院；北京冶金机电学院；南方冶金学院；桂林冶金地质学院；吉林电气化高等专科学校；长春建筑高等专科学校；浙江经济高等专科学校；长沙工业高等专科学校
机械部	湖南大学；合肥工业大学；吉林工业大学；武汉汽车工业大学；江苏理工大学；东北重型机械学院；陕西机械学院；上海机械学院；沈阳工业大学；哈尔滨理工大学；兰州理工大学；洛阳工学院；太原重型机械学院；北京机械学院；湖北汽车工业学院；沈阳理工大学；湘潭机电高等专科学校；郑州工业高等专科学校；南京机械高等专科学校；长春汽车工业高等专科学校
交通部	大连海事大学；西安公路交通大学；武汉交通科技大学；南京交通高等专科学校；上海海运学院；长沙理工大学；南通大学；重庆交通学院；济南交通高等专科学校；广州航海高等专科学校
轻工部	江南大学；中央工艺美术学院；天津轻工业学院；西北轻工业学院；北京轻工业学院；景德镇陶瓷学院；郑州轻工业学院；大连轻工业学院
铁道部	西南交通大学；北京交通大学；长沙铁道学院；上海铁道大学；南京铁道医学院；大连铁道学院；兰州铁道学院；华东交通大学；石家庄铁道学院；苏州铁道师范学院
建设部	重庆建筑大学；西北建筑工程学院；武汉城市建设学院；哈尔滨建筑大学；沈阳建筑工程学院；南京建筑工程学院；苏州城市建设环境保护学院
农业部	中国农业大学；南京农业大学；西北农林科技大学；华中农业大学；沈阳农业大学；华南农业大学；东北农业大学；西南大学；华南热带作物农业大学；上海水产大学；石河子大学；大连水产学院；塔里木农垦大学
卫计委	北京医科大学、上海医科大学、中山医科大学、华西医科大学、同济医科大学、湖南医科大学、白求恩医科大学、山东医科大学、西安医科大学、中国协和医科大学、中国医科大学
药监局	中国药科大学、沈阳药科大学
中医药管理局	北京中医药大学、北京针灸骨伤学院、广州中医药大学
外经贸部	对外经济贸易大学、天津外贸学院、上海外贸学院、广州外贸学院
财政部	上海财经大学、中央财经大学、中南财经大学中央财政管理干部学院、东北财经大学、江西财经大学、山东财政学院

续表

行业部委	直属学校
中国人民银行	西南财经大学、中国金融学院、湖南财经学院、陕西财经学院、保定金融高等专科学校、长春金融高等专科学校、哈尔滨金融高等专科学校、上海金融高等专科学校、南京金融高等专科学校、武汉金融高等专科学校、广州金融高等专科学校、哈尔滨投资高等专科学校
商业部	杭州工商大学、黑龙江商学院、北京商学院、天津商学院、郑州粮食学院、武汉食品工业学院、北京物资学院、南京经济学院、重庆商学院、兰州商学院、四川烹饪高等专科学校
国家体委	北京体育大学、上海体育学院、成都体育学院、武汉体育学院、广州体育学院、沈阳体育学院、西安体育学院
文化部	中央音乐学院、中央美术学院、中央戏剧学院、中国美术学院、上海音乐学院、上海戏剧学院、北京电影学院、中国音乐学院、中国戏曲学院、北京舞蹈学院
司法部	中国政法大学、中南政法学院、中央政法管理干部学院、西南政法大学、华东政法学院、西北政法学院
气象局	北京气象学院、南京气象学院、成都气象学院
邮电部	北京邮电大学、长春邮电学院、南京邮电大学、重庆邮电学院、西安邮电学院、石家庄邮政高等专科学校
中国船舶总公司	哈尔滨工程大学、华东船舶工业学院、武汉船舶职业技术学院
中国核工业总公司	中南工学院、华东地质学院、苏州医学院
国家民委	中央民族大学、大连民族学院、中南民族大学、西南民族大学、西北民族大学、西北第二民族大学
国家审计署	南京审计学院
公安部	中国人民公安大学、中国刑事警察学院、中国人民武装警察部队学院、铁道警官高等专科学校
国家税务局	长春税务学院
国家质量技术监督局	中国计量学院
国家旅游局	北京第二外国语学院、上海旅游高等专科学校
劳动部	劳动人事学院、天津职业技术师范学院

但是行业部门高校的发展过程中仍然存在比较明显的弊端。首先，垂直管理、条块分割的管理制度使教育资源难以得到合理配置和充分利用，影响了整体办学效益和教育质量的提高。由于中央部委所属院校主要为本行业、本部门服务，在办学资源、学科结构等各方面与地方院校相互分隔，造成低水平重复建设、教育效益低下、教育资源浪费严重等弊端。第二，专业偏窄，适应性差，不利于人才的全面发展。由于部门院校普遍实行为本行业服务的招生、培养、分配“进出口一条龙”制度，人才培养规格以本行业实用人才为主，人才培养目标专业性过强，适应面较窄。第三，人才培养目标定位层次较低。传统部门办学注重培养实际操作能力，忽视了对学生科学研究、科技开发和创新能力的培养。这限制了学生在更广阔领域内的发展，也制约了学校整体的学术水平和教学质量的进一步提高。第四，高校的规模较小，且学科专业相对较少。这导致了学校发展受到限制，学科交叉融合的机会有限，难以形成良好的学科互补和相互促进的发展优势。据统计，1990 年全国 49 所综合性大学，平均规模 4930 人，而部门高校规模只在 2000 人左右，不足 1000 人的高校有 381 所，占高校总数的 35.4%，其中还有 60 所达不到 300 人①。

（三）体制转轨与行业特色高校划转

在 1993 年后，随着社会主义市场经济体制的确立，我国政府逐渐将管理经济和企业的职能由直接管理为主转向间接管理为主。这一转变导致了许多中央业务部门经费紧张，难以长期投入维持对直属高校的支持，于是开始了行业部门高校的划转。具体而言，自 1993 年至

① 孙首臣．部门高校办学的困扰与出路 [J]. 高等教育研究，1996（05）：31-34.

2004年，原中央部委管理的571所院校中，有509所进行了不同程度的调整，基本上结束了行业部门直接办高等教育的历史。这一时期，国务院多数部委及中央企业不再举办高等教育。

在这一大背景下，出台了一系列的改革政策，包括将原中央部委属高校划转到教育部或者地方政府进行管理。以辽宁省为例，通过“共建、调整、合作、合并”方针，共建有26所中央部委属高等学校，包括涵盖多个领域的学科，如医科、农学、机电工程、航空航天、体育、石油、财经等。然而，由于中央部委的经费困境以及地方政府对高等教育的统筹需求，这些高校经历了划转的过程，最终由辽宁省管理的本科院校达到了18所，占辽宁省高校总数的45%。在整个划转过程中，实现了中央和地方政府两级管理，以地方管理为主的管理框架。这意味着在国家政策指导下，以省级政府统筹为主的新体制基本上完成了我国高等教育宏观管理体制的改革和布局调整。划转的方式多种多样，包括直接划归教育部、实施合并战略、通过合并组建新的学校等。同时，部分中央部委所属高校也保持了独立建制，划转到地方政府管理，仍在原有的基础上独立运作。

表2-2　1992-2008年中央部委属本科院校划转情况统计

地区	行业划转院校合计	教育部		合并至其他部委	地方政府	
		独立划转	合并划转		独立划转	合并划转
北京	32	11	7	0	10	0
江苏	24	4	2	0	5	13
辽宁	19	1	0	0	18	0
湖北	18	2	8	0	6	2
陕西	16	1	5	0	10	0
上海	16	1	2	0	10	3
吉林	12	0	4	0	5	3

续表

地区	行业划转院校合计	教育部		合并至其他部委	地方政府	
		独立划转	合并划转		独立划转	合并划转
湖南	9	0	3	0	2	4
重庆	9	0	2	0	2	5
河南	9	0	0	0	6	3
河北	9	1	0	0	8	0
四川	8	3	1	0	3	1
山东	8	0	1	0	5	2
广东	7	0	1	0	3	3
江西	7	0	0	0	7	0
浙江	7	0	0	0	5	2
黑龙江	6	1	0	1	3	1
天津	4	0	0	0	4	0
安徽	4	0	0	0	3	1
山西	4	0	0	0	4	0
甘肃	3	0	0	0	2	1
广西	2	0	0	0	2	0
云南	2	0	0	0	2	0
新疆	2	0	0	0	2	0
海南	1	0	0	0	0	1
福建	1	0	0	0	0	1
内蒙古	1	0	0	0	1	0
分类合计		25	36		128	50
总计	240	61		1	178	

（资料来源：葛继平．行业划转院校发展战略研究 [M]. 北京：科学出版社，2011：19）

在北京、江苏、辽宁、湖北、陕西、上海、吉林等省市，行业特色高校相对集中，数量达到 125 所，占全国行业院校总数的 52%。这些高校的划转过程在一定程度上反映了我国高等教育管理体制的演变和调整。划转方式方面，这些地区划转到教育部管理的原行业高校共有 61 所。其中，有 25 所高校以独立建制方式整体划转到教育部，36

所高校则先合并再划转到教育部，还有1所高校合并至其他部委进行管理。这种多元化的划转方式体现了在高等教育管理体制改革中，各地区根据实际情况采取不同的策略。

一些行业特色高校如中国农业大学、中国地质大学、中国矿业大学等，划归教育部管理，保持了高水平的办学水准。划转到教育部管理的高校多以“高水平行业特色型大学”为特征，集聚了一批一流的教师，培养了一批一流的学生，取得了一批一流的科研成果。这些高校在国家经济建设和行业发展中发挥着重要的作用。还有一些高校划转地方政府管理，仍保持行业特色，成为我国高等教育体系的重要组成部分。尽管数量众多，但这些高校在划归地方管理后取得了长足的发展。然而，随着隶属关系、投资渠道、科研来源、招生就业市场、服务方向和范围的变化，地方行业特色高校面临着一系列的发展问题，包括发展空间的调整、职能与服务面向的调整等。此外，一些高水平行业特色高校在面对发展压力时，积极组建联盟，如北京邮电大学主办的“高水平行业特色型大学发展论坛”和中国矿业大学牵头发起的“高水平行业特色大学优质资源共享联盟”。这些联盟通过资源共享和合作，促进成员高校的共同发展，为整个高等教育领域提供了新的合作模式和发展方向。

（四）新时期行业特色高校的发展态势

行业特色高校在我国现代高等教育体系中的重要地位不可忽视，它们对于我国经济社会发展和教育事业自身的发展都具有不可替代的重要作用。这些高校因其专业特长、行业背景而在培养高素质人才、科研创新、产业服务等方面发挥着独特优势。然而，它们也面临一些有限性和限制性因素，包括资金紧张、科研条件相对有限、社会认可度相对较低等问题。因此，对于这些学校而言，除了要认可其在特定领域的专业性和独特贡献外，还需要关注其自身发展的局限性，并寻求改进的途径。为了不断完善行业特色高校的外在环境，需要从学校发展态势出发，进行有针对性的改革和调整。伴随着管理体制的变化，行业特色高校在办学取向、学科结构、办学功能等方面都有所改变。

1. 行业特色高校的地方化

高等教育地方化的核心理念在于将高等教育机构更好地融入地方经济社会发展中，使其成为地方的文化科学中心，并通过地方财政拨款等方式实现管理权属于地方，办学资金也主要来源于地方。行业特色高校的地方化过程包含了管理体制的变革、服务定位的调整以及与地方政府、产业、社会的深度互动。

在教育管理体制改革之前，分散在全国各地的行业院校因为受到中央部委的直接领导，导致在办学过程中缺乏为地方经济和社会发展服务的内在动力。随着管理体制和隶属关系的转变，行业特色高校的管理权下放到地方政府，使其更加意识到为地方服务的必然性。这一变革使得高校能够更主动地围绕当地经济、社会发展的战略重点和支柱产业进行调整，实现与当地融为一体。服务所在地经济社会发展的过程中，行业特色高校需要积极主动地调整服务对象，以服务地方经济社会发展为目标。这涉及构建与地方经济相适应的专业结构、学科体系、人才培养目标等，实现高等教育与经济社会发展的良性互动。同时，随着隶属关系的调整，地方政府也期望高校在人才培养、科技成果转化等方面为区域经济、社会的发展提供有力的支撑。

体制改革后，行业特色高校划转至地方，开始面向区域经济并与周围社会环境进行物质、能量和信息的交换。这要求高校进行全方位的调整与过渡，包括推行一系列适应地方经济社会发展要求的改革，涉及生源、学科专业设置、办学功能和运行方式的地方化调整。强调主要招收地方考生使得地方化在招生规模上表现得越来越明显。作为地方主管院校，地方拨款与地方经济社会发展需求成为办学的风向标，高校的地方服务意识得以增强。划转至地方后，行业特色高校建立了与地方政府紧密联系的运行方式，地方化的办学取向已经成为其一种生存方式。为了更好地适应划转后的教育环境，高校需要更好地扎根地方、提升服务经济和社会发展的能力。这也使得地方政府期望高校能够更好地利用地方资源，推动科研成果的转化和产业的发展，以促进整个地区的经济社会繁荣。

2. 行业特色高校的市场化

随着我国经济的不断发展，行业特色高校所处的经济环境经历了从计划经济向市场经济的深刻变革。在过去的计划经济时代，这些高校的运作模式主要依赖于行业计划和拨款，形成了相对封闭的体制。行业特色高校在此期间，以行业需求为导向，依据计划和指令进行办学，得到行业提供的财政、计划以及其他支持。然而，随着行业特色高校的划转至地方政府，这一运行模式发生了翻天覆地的变化。原有的行业部门拨款和管理职能发生了重大变化，高校失去了在计划经济体制下的垄断地位。这意味着高校不再可以完全依赖于行业的计划和拨款来维持其运行，而必须面对更加开放和竞争的市场经济环境。这一转变迫使行业特色高校调整其办学模式，更加灵活地适应市场经济的变化。原先由行业提供的稳定拨款被取代，高校需要寻找其他的资金来源，例如积极争取地方政府的支持、加强科研项目的申请，以及开展与企业的合作。高校也需要更加关注市场需求，调整专业设置和课程内容，确保教育体系更贴近社会经济的变化，以满足市场对人才的需求。这种灵活性的提升使得高校能够更好地适应市场经济的复杂和多变，同时也强调了高校在人才培养和科研方面的独特优势。

市场化的教育环境不仅改变了高校的经济环境，而且带来了高校之间竞争的多元化。在过去，行业特色高校主要与同类院校进行分工协作，竞争相对较为有限。然而，随着市场机制的引入，高校之间的竞争日益多元化，不再局限于行业内部的合作关系。以药科类大学为例，原本仅有两所药科类专门大学的局面发生了根本性的变化。在市场化的背景下，药学专业成为热门领域，吸引了更多高校加入竞争。不仅是同类院校的竞争，行业特色高校还必须面对医科院校和综合型大学等其他类型高校的挑战。这样的竞争环境使得高校不仅仅需要在专业设置和课程体系上更具创新性，更需要提升整体办学水平以应对激烈的市场竞争。行业特色高校在挑战中寻求创新，通过引入新的教育理念、发展前沿科研领域，以及提供更多元的培养模式，来吸引更多的学生和合作伙伴。在这个过程中，高校也逐渐形成了自己的办学特色，使得其在竞争中能够更好地突显个性和优势。

高等教育市场化的背景下，行业特色高校面对竞争的压力和挑战，同时也迎来了发展的动力。市场竞争的激烈使得高校必须充分发挥自身的优势，成为行业发展的支撑力量。在人才培养方面，高校需要更加注重培养符合市场需求的专业人才，调整和优化专业设置、课程体系，确保学生毕业后具备实际应用的能力。通过与企业深度合作，行业特色高校能够更好地理解市场对人才的需求，提前调整教育内容，为学生提供更实用的技能和知识。科技研发是行业特色高校在市场化环境中发挥优势的另一方面。通过加强科研项目的开展，高校不仅能够为行业提供前沿科技支持，还能吸引更多优秀的科研人才。高校可以在特定领域形成自己的研究方向，通过科技创新为行业发展提供源源不断的动力。这不仅有助于高校在市场中建立起自己的品牌，还能够为行业的技术进步和产业升级作出积极贡献。在适应市场需求方面，高等教育市场化促使行业特色高校提高服务水平，更关注学生的个性化需求。高校需要通过创新的教学方法、强化实践教育，以及建立与行业企业的良好合作关系，为学生提供更全面的培养方案。这样的服务升级不仅有助于吸引更多学生，还能够培养更具综合素质的人才，使其更好地适应社会的需求。

3. 行业特色高校的综合化

长期以来，高等学校在不同层次、不同类型的攀高和模仿中出现趋同化的现象，导致学科设置的重复和学校发展的陷入“低水平模仿”怪圈[①]。行业院校发起于单科型学院，源自苏联的高等教育模式，主要服务于特定行业，具有鲜明的学科特色。然而，近年来，行业特色高校逐渐经历了更名和合并等过程，使得原有的学科特色变得模糊，办学定位趋向多元化。行业特色高校的更名和合并背后涉及多种原因，包括相关行业由盛转衰导致学校发展受阻的经济因素、基于资源整合和高校合并的现实原因，以及世俗文化导向和区域效应的影响。此过程中，学校更名如同商标，代表着无形资产，而在更名后，一些高校在不断增设新的学科专业的同时，却未能突显自身的行业特色，导致学科建设的模糊性和学校办学规模的无限拓展。

综合化趋势在高校发展中的另一方面表现为高校之间的合并，这一趋势在改革的推动下迅速发展，成为提升高校整体实力的一种形式。行业特色高校通过合并实现了对多学科领域的拓展，从而使学校的综合实力得以显著提升。例如，一些原本专注于农林、电力、纺织、

① 邹晓东，陈劲. 省部共建大学发展战略研究 [M]. 杭州：浙江大学出版社，2008：199.

矿产等特定行业的高校，通过合并成功地拓展到多学科领域，完成了向综合型大学的过渡。这种趋势不仅是对服务行业需求的积极回应，也是为适应地方经济社会发展对多元化人才的需求而采取的重要举措。然而，高校合并也带来了一系列挑战。其中之一是如何在合并过程中保持学校的特色和定位。原本有明确行业定位的高校，通过合并可能导致办学特色的模糊，从而影响学校的办学方向。保持学科优势和特色成为行业特色高校在综合化趋势中亟待解决的问题。另一方面，如何合理整合各学科领域，确保各领域协同发展，也是合并过程中需要面对的重要问题。行业特色高校需要在不同学科之间寻找共通之处，推动协同创新，以更好地适应综合化发展的需要。此外，随着高校规模的不断扩张，如何在保持教学和科研质量的同时提升整体水平，也是一个亟须解决的问题。行业特色高校在综合化趋势中需要注重内部管理与协调，确保学术水平和科研实力不受影响。在面临这些挑战的同时，行业特色高校也需要审时度势，找到适宜的发展路径，以更好地适应社会需求，为高等教育的可持续发展注入新的动力。

4. 行业特色高校的特色化

行业特色高校的发展特色化既是其自身发展的内在逻辑，也是适应市场经济和高等教育改革的客观需要。这一发展方向在几十年的行业办学历程中得以显现，形成了一批在行业产业链上具有明显优势的学科专业。这些高校在人才培养、促进行业科技进步、服务社会等方面取得了突出的成就。然而，随着划转地方和面临同质化竞争等问题，如何科学定位、实现可持续发展成为行业特色高校必须解决的问题，特色化作为竞争型战略成为不可回避的选择。

在特色化发展方面，一方面，行业特色高校应依托自身行业优势，继续保持并强化自身特色。这涉及在人才培养、科研和服务社会等方面发挥学校的办学优势。另一方面，随着管理体制的转变，高校需要调整、增加服务面向，形成新的特色，努力提高学校的贡献率，使特色更具时代性特征。行业特色高校的特色化发展既需要保持传统特色，又需要顺应时代发展的要求，实现学科的创新和演进。当前，行业特色高校的特色化进程尚处于自发阶段，需要实现从自发向自觉的过渡。特色化发展是一个不断改革和创新的过程，这也是我国高等教育发展的必然趋势。在高等教育发展的历程中，行业特色高校经历了创立阶段和管理体制改革阶段，目前正面临分化、转型发展的时期。如何在保持和强化自身特色的同时，形成新的特色，实现可持续发展，成为亟须解决的问题。在推动高等教育由大国向强国的转变中，行业特色高校的特色化转型成为重要主题，通过率先实现发展模式从规模化扩张向特色化的转型，促进高校与行业的相互促进。

然而，特色化发展也面临一系列问题。特色化发展的动力机制尚未形成，制度环境不够成熟，特色化理论需要创新，特色化制度需要重构。缺乏适合我国高等教育多样化格局的分类标准，导致行业特色高校缺乏发展方向，甚至在一些情况下，学校为了适应规模的扩大而丢失了原有的特色。当前，应明确行业院校在高等教育体系中的战略地位，将其纳入国家高等教育重大发展战略规划。为了推动行业特色高校更好地发展，需要转变发展模式、加强战略管理、形成科学导向，并重构高校评价体系，以更好地引导行业特色高校特色化发展。

二、行业特色高校的基本特征

（一）学界关于行业特色高校的探讨

从发展历程可知，“行业特色高校”并不是一个很明确的概念，主要是特指一些目前或者曾经隶属于一些相关行业部门的专门高校，一段时间以来一直被称之为“行业高校”或者“行业性高校”。2005 年教育部原副部长赵沁平率先使用“行业特色高校”这一概念后，一直被沿用下来[①]。目前对于“行业特色高校”的概念界定有很多种，其中比较典型的有两种说法：一种是从发展历史的角度，将所属行业单位作为识别这一类型高校的主要特征，例如原教育部直属高校工作司司长高文兵（2007）提出，行业特色高校主要指那些源于行业管理，在世纪之交高教管理体制改革中划入省区市特别是教育部门管理的原行业部门所属高等学校[②]。类似的还有“源于行业管理、在世纪之交高教管理体制改革中划入省区市为主管理的原行业部门所属的高等学校”[③④]。随后这一概念被逐步细化和完善，吴立保等提出行业特色高校主要是指 20 世纪 50 年代院校调整时期出现的由行业管理的农、林、水、地、矿、油、交通等行业高校[⑤]。徐晓媛将行业特色高校的概念界定为

① 赵沁平 . 发挥行业特色高校优势 为行业科技进步做出更大贡献 [J]. 中国高校科技与产业化，2005（05）：48-50.

② 高文兵 . 新时期行业特色高校发展战略思考 [J]. 中国高等教育，2007（Z3）：24-28.

③ 李文冰 . 行业特色院校科学发展的路径选择 [N]. 光明日报，2010-04-09（007）.

④ 罗维东 . 新时期行业特色高校发展的趋势分析及对策思考 [J]. 中国高等教育，2009（05）：8-11.

⑤ 吴立保，管兆勇，郑有飞 . 行业特色型高校转型发展的挑战及战略选择 [J]. 江苏高教，2011（02）：63-65.

新中国成立后有中央政府行业部委陆续举办、重组和归口管理，20 世纪末管理权力又逐步转移给教育部或省级政府的高校[①]。总之，这种观点主要是依据行业特色高校的产生背景和发展过程，是一种管理部门上的划分。

第二种观点是从本身的学科特征来进行定义，例如潘懋元教授在《特色型大学在高等教育中的地位与作用》中指出，“所谓特色型大学，是指以行业为依托，围绕行业需求，针对行业特点，为特定行业培养高素质专门人才的大学或学院”[②]。封希德、赵德武等认为，行业大学就是行业背景显著、服务于行业发展的高等院校[③]。程孝良提出行业特色高校是指以行业为依托，围绕行业需求，针对行业特点，为特定行业培养高素质专业人才的大学或学院[④]。钟秉林、王晓辉等认为，行业特色高校不仅具有管理特色的特征，同时还有自身的办学特征，他们指出行业特色高校是我国高等教育管理体制改革以前隶属于中央政府部门、具有显著行业办学特色与突出学科群优势的高等学校[⑤]。这种观点是从行业特色高校的办学思路与核心特征的角度对其进行概括，突出了学科特征与办学特色。

两种分类方式都是将特定的某一类高校进行划分，但是二者的范

---

① 徐晓媛 . 对我国行业特色高校发展的回顾评析与思考 [J]. 教育与职业，2013（11）：24–26.

② 潘懋元，车如山 . 特色型大学在高等教育中的地位与作用 [J]. 大学教育科学，2008（02）：11–14.

③ 封希德，赵德武 . 建设高水平行业特色型大学的思考 [J]. 中国高等教育，2009（07）：9–10.

④ 程孝良 . 行业特色高校学科发展模式：美国一流大学的启示 [J]. 成都理工大学学报（社会科学版），2010，18（01）：80–83.

⑤ 钟秉林，王晓辉，孙进，周海涛 . 行业特色大学发展的国际比较及启示 [J]. 高等工程教育研究，2011（04）：4–9，81.

围存在明显区别。首先如果按照主管部门来进行划分，那么也就意味着在相当长的时间内，行业特色高校的数量将不会发生变化，无论当前的学科如何发展、如何综合化，只要当初隶属于某一行业部门，都属于行业特色高校。鉴于行业部门短时期内不会再举办高校，那么无论某一高校的行业性质多明显，也无法将其作为行业特色高校的划分范畴，这显然是有违于常识。因此本研究主要采取第二种观点，认为行业特色高校应该是一种具有学科特色的高校，并通过该学科服务于特定的行业。

虽然行业特色高校是我国独有的高等教育概念类型，但是国外高校类型中同样也存在面向某一个行业办学的类似院校，其中最值得借鉴的是具有产业特色和工业导向性的大学，诸如“industry-university”，“industry-oriented university”等。另外有学者对专门高校进行了介绍，这些高校利用某一专门学科或一系列相关学科建立起有市场需求支撑的中心，进行高水平的研究活动[①]。同时也有很多学者对一些知名高校的发展历程进行分析后了解到，很多高校都是从单独行业类学院发展起来的，例如麻省理工学院（Massachusetts Institute of Technology）、斯坦福大学（Stanford University）、卡内基梅隆大学（Carnegie Mellon University）、加州理工学院（California Institute of Technology）等都是由单科学院发展起来的[②]，这些高校的发展理念和成功经验就是值得借鉴的，如麻省理工学院“做中学”、文理相通的理念，卡内基梅隆的战略规划，加州理工学院著名的“小而精”办学理念，约翰斯·霍普金

① [美]丹尼尔·施若雷，[美]赫伯特·谢尔曼.从战略到变革[M].周艳，赵炬明，译.桂林：广西师范大学出版社，2006（6）：31.

② 潘懋元，王琪.从高等教育分类看我国特色型大学发展[J].中国高等教育，2010(05)：17-19.

斯大学“产学研”并举的教学模式等等[①]，都是十分有特色并有借鉴意义的。除此之外法国的“大学校（Grandes coles）”[②]、德国的“应用科学大学（University of Applied Sciences）”以实践性教学、应用性科研和应用型人才培养等[③]，都为我国行业特色高校建设提供了可以借鉴的宝贵办学经验。

国内关于行业特色高校的发展研究主要集中在行业特色高校的办学特色和优势、面临的困难和问题、发展战略及方向等方面。从 20 世纪 50 年代院校改革到 90 年代的高校划转，再到新时代高校改革，我国行业特色高校在 70 多年的发展历程中，始终依托行业、服务行业，形成了稳定的办学传统，虽然经历了“去行业化”与“再行业化”[④]组织转型过程，但是始终是朝向从行业需求和自身优势出发进行的发展。由于行业特色高校自身与生俱来的行业性组织特征，其学术引领和实践应用方面的双重特性，是我国高校“新学科”建设的一个重要主体[⑤]。然而在当前高校体制改革面临结构性调整的教育背景下，行业特色高校面临着优势学科过于单一，基础学科薄弱，新兴交叉学科培育拓展能力不足等问题，优势学科在“鹤立鸡群”，其他学科则相形见绌，

① 教育部中外大学校长论坛领导小组.大学校长视野中的大学教育（第二辑）[M].北京：中国人民大学出版社，2005，213.

② 陈维嘉，罗维东，范海林，王戈，祁慧勇.法国“大学校”办学模式及其启示——“教育部行业特色型大学发展考察团”考察报告[J].中国高等教育，2010（24）：10-13.

③ 钟秉林，王晓辉，孙进，周海涛.行业特色大学发展的国际比较及启示[J].高等工程教育研究，2011（04）：4-9，81.

④ 周光礼.“行业划转院校”的“去行业化”与“再行业化”：环境变迁与组织应对[J].教育研究，2018，39（09）：103-112.

⑤ 高树仁，宋丹.行业特色型大学“新学科”发展逻辑与行动策略[J].学位与研究生教育，2020（11）：32-37.

没有形成相互支撑的学科网络[①②]。行业特色高校在与本行业相关的主干学科领域具有领先优势，基础学科薄弱，新兴交叉学科培育拓展能力不足，整体竞争力受限，可持续性发展能力不足[③④]，学科壁垒现象普遍、学科拓展存在盲目性[⑤]。特色学科的高峰引领和辐射带动作用发挥不充分，对接行业产业链的覆盖面不够广阔，前沿性建设有待加强[⑥]。有些行业特色高校为了追求自身实力的快速发展，开始盲目的进行多样化扩张，希望由此获取更多的发展资源，但是这种脱节于行业发展需求和追求增量式发展，造成学科同质化和多而不强的困境，反而难以适应快速技术变革和行业创新驱动发展需要[⑦]。这些问题的存在，极大地限制了我国行业特色高校的高质量发展。

针对行业特色高校在新时期高等教育改革面临着诸多问题，相关领域的学者分别从体制机制改革和未来发展战略视角提出相应的改革措施。主要从自身发展定位、协同创新、转型发展等方面进行改进。首先，在自身发展定位上，行业特色高校需要将自身的发展方

① 武建鑫，蒲永平．行业特色型大学如何形塑世界一流学科——基于单案例的探索性研究 [J/OL]. 重庆高教研究：1–17[2021–04–28].http：//kns.cnki.net/kcms/detail/50.1028.G4.20210217.1837.002.html.

② 刘广生．我国行业特色型高校学科协调发展研究 [J]. 中国成人教育，2017（16）：20–25.

③ 谢辉祥，赵志钦，甘国龙．从全国一级学科评估审视高水平行业特色型高校学科竞争力 [J]. 中国高教研究，2018，（09）：7–13，19.

④ 杨勇平．高水平行业特色型大学的学科建设与内涵发展——以华北电力大学为例 [J]. 高等工程教育研究，2018，（06）：96–100.

⑤ 李枫，李萍，何丽娜．高水平行业特色型大学一流学科建设策略分析 [J]. 江苏高教，2018，（11）：33–36.

⑥ 行业高校特色学科向一流学科发展路径和推进战略研究 [J]. 黑龙江高教研究，2019，37（05）：37–40.

⑦ 陈大胜．“双一流”建设视域下行业大学如何推进跨学科学术组织变革 [J]. 江苏高教，2020，（11）：61–65.

向与区域经济、产业经济进行有效的对接，发挥并强化自身优势的同时发展新兴学科和交叉学科，以适应新兴产业和技术需求①，形成特色发展、集群发展、均衡发展、协同发展模式与路径②。其次，在发展渠道上，应充分发挥自身服务对象更加明确、资源更易整合、学科更易共生的优势，从自身的优势领域培育学科生长点，推进“再行业化”战略，持续优化学科结构，充分利用行业资源推进协同创新③。再次，在进行学科发展过程中，要对创建优质学科体系与服务国家发展，通过对优势学科的投入和加强，对相关重点技术、关键难题进行集中攻克，使学科建设服务于国家的发展；在提升优势学科的同时，着力提高相关学科的建设水平，构建互利共生的学科生态系统，在高原上建立高峰④，在高等教育体系快速发展的格局下，必须主动适应复杂多变的发展环境，采取更加积极的变革方式，围绕某一领域提升声誉、打造品牌⑤。

从已有的研究可以发现，我国行业特色高校未来的发展方式、主要问题、发展方向大都围绕着学科建设来开展讨论，学科体系的建设与优化已经成为了行业特色高校改革与发展的核心议题。这些高校是通过某个行业、产业建设与发展的联系密切而造就了特有的办学历史

① 钟秉林，王晓辉，孙进，周海涛．行业特色大学发展的国际比较及启示 [J]. 高等工程教育研究，2011（04）：4–9，81.

② 程孝良．高水平行业特色大学创建世界一流学科的模式与路径 [J]. 国家教育行政学院学报，2016（11）：69–75，81.

③ 刘向兵．“双一流”建设背景下行业特色高校的核心竞争力培育 [J]. 中国高教研究，2019，（08）：19–24.

④ 袁广林．创建世界一流与服务国家发展：行业特色高水平大学世界一流学科建设战略选择 [J]. 学位与研究生教育，2019，（01）：1–7.

⑤ 胥桂宏．行业特色型大学在“双一流”战略中的发展与对策思考 [J]. 河北师范大学学报（教育科学版），2017，19（05）：71–75.

与发展成就，划转之后所面临的环境变化是导致行业特色高校各种问题和矛盾的主要根源，这些变化最终应体现在学校的发展规划、战略目标等要素上，而这些要素构成的改革方略最终归结到学科体系调整方面。

（二）行业特色高校的价值定位和主要特征

1. 行业特色高校的价值定位

随着经济、社会的快速发展和进步，高校的功能不断扩展，在政治、经济、文化、科技等相关领域的作用日益凸显，在外部关系规律的制约下会逐渐从“象牙塔”走向社会中心①。2020 年底，党的第十九届中央委员会第五次全体会议审议通过了《中共中央关于制定国民经济和社会发展第十四个五年规划和二〇三五年远景目标的建议》，要求深入实施科教兴国战略、人才强国战略、创新驱动发展战略，完善国家创新体系，加快建设科技强国。科技要发展，大学是关键。据 2023 年教育部统计数据显示，我国有公办普通本科 849 所，其中由中央和各地方业务部门举办的高校共有 115 所，在剩下的高校当中，从各行业部门划转出去的高校为 170 所。在这些高校中，有 11 所高校入选“一流大学”建设名单，68 所入选“一流学科”建设名单，占“双一流”建设高校总数的 57.66%，这些具有鲜明行业和学科特色的高校已经成为我国高等教育体系当中的重要组成部分。

一段时间以来，我国经济发展面临复杂的国际形势，特别是在中美贸易争端与摩擦时期，美国对我国施加了愈演愈烈的技术出口限制，使得我国的技术出口面临重重困境。高校承载着技术研发和科技创新

① 潘懋元．多学科观点的高等教育研究 [M]. 上海：上海教育出版社，2001：11.

的重要使命，依靠行业特色高校加强基础性、原创性科技研发和创新是实现“突围”的重要路径。从行业特色高校的社会职能来看，注重原创性领先技术的发展和创新型人才的产出是其发挥人才培养、科学研究和社会服务职能的关键。此外，在我国新冠肺炎疫情的防控和科研攻关过程中，高校的社会服务功能得以进一步凸显，例如电子科技大学、重庆医科大学等五所高校研发的14种新冠病毒检测试剂获得了欧盟CE认证，大连理工大学突破冷链疫情传播难题，研发出国内首个可以进行低温冷链新冠活体病毒消杀的检测技术和设备，还有国内多所高校的科研团队从流感病毒载体疫苗、重组蛋白疫苗、核酸疫苗等技术路线并行推进，协同科研院所和相关企业开展新冠肺炎疫苗攻关。

总的来说，由于行业特色高校与相关行业产业存在着天然的联系，直接服务于国家、社会以及经济的需求，在人才培养、科研服务过程中能够适应社会发展的关键性领域发挥着无可替代的作用。在国际国内形势日趋复杂的形势下，立足于我国经济社会发展的现实境遇，想要纾解社会主义现代化强国建设对于人才、科技等方面的迫切需求，就必须要大力扶持和发展行业特色高校，发挥其在相关领域的重要作用。行业特色高校已经成为我国建设创新型国家的重要支撑，在实现中华民族复兴的伟大征程中具有战略性意义，在落实科教兴国战略、促进国家自主创新与科技发展的进程中，大力发展行业特色高校具有前所未有的合理性与合法性，是促使我国高校跻身世界一流大学的必然的选择。

2. 行业特色高校的主要特征

行业特色高校的特征主要可以从管理体制、服务对象、学科专业三个方面进行阐释。

在管理体制方面，高校与行业发展深度融合。这些高校最初由行业部门直接管理，紧密关联于相应的产业领域，以确保直接满足行业的实际需求。尽管在后来的改革中，一些高校的管理体制发生了变化，划归至教育部和地方政府的管理范围，但这并没有过多地削弱它们与对应行业的关联。行业特色高校通过建立协会、与行业企业保持直接联系，确保高校的发展与行业的步调相一致。这种管理体制的灵活性使得行业特色高校能够更加精准地响应行业和社会的要求。不同类型的管理体制为高校提供了更多的发展路径，促使其在知识创新、技术研发和人才培养等方面形成更为协同的力量。这种机构管理属性使得高校不仅服务于学术领域，更致力于推动相关行业的科技进步和人才输出，在中国高等教育和产业发展产生联动作用。

在人才培养和科学研究方面，为特定行业提供人力和智力支撑。首先这些高校致力于与行业保持密切对接，通过精心设计的培养模式、专业设置和课程体系，确保毕业生具备与行业需求直接契合的专业知识和实际技能，直接服务于行业的各个环节。其次，行业特色高校在科学研究方面通过与行业主管部门和企业的紧密联系，直接服务于行业的技术开发和企业管理。这种联系使得高校更好地对接行业的技术难题和发展需求，有针对性地设计和实施科研项目。通过与行业伙伴的协同努力，高校在科技创新方面取得的成果能够更加迅速地转化为实际生产力，推动了相关行业的技术进步和创新。在多年的办学历程中，这些高校不仅为各行业培养了大量的科研和管理人才，更为行业的可持续发展做出了显著的贡献。毕业生直接进入相关行业工作，为企业注入新鲜血液，同时也为学科领域提供了源源不断的专业人才。在科学研究方面，高校的成果直接应用于行业实践，推动了我国相关产业的升级和发展。这种服务于行业的特色使得行业特色高校在中国高等教育体系中具备了独特的地位。

行业特色高校的学科布局呈现出高度的集中性，主干学科通常是学校的传统优势所在。一些高校的特色学科不仅在国内处于领先地位，有时甚至在国际上也取得了引人注目的成就。这种集中布局的背后是对特定行业需求的深刻理解以及高校在相关领域的卓越研究与教学水平。首先，学科专业设置的初衷是为了更好地服务于行业的产业链。这种布局不仅涵盖了行业的基础研究领域，还聚焦于与行业相关的应用研究，形成了完整的知识链条。以煤炭高等院校为例，其学科专业主要涵盖了煤炭的采矿、地质勘探、安全工程、煤化工等领域，覆盖了整个煤炭产业的产业链。这有助于高校更全面地培养与行业产业链各环节密切契合的专业人才。其次，主干学科的领先地位反映了行业特色高校在特定领域的卓越研究实力。这些学科在国内享有很高的声誉，为学校树立了良好的学术形象。这不仅有助于吸引国内外优秀的学科师资和研究生，也为学校在国际学术舞台上树立了标杆。这种领先地位也使得行业特色高校成为相关行业技术创新和科研合作的重要力量，推动了整个行业的技术水平和创新发展。总体而言，学科专业围绕行业产业链的设置不仅体现了高校对特定行业的深度关注，更突显了高校在相关领域的卓越学术实力。这种布局为高校的人才培养、科研合作以及对产业发展的服务提供了有力支撑，使得行业特色高校在中国高等教育中独具特色。

三、行业特色高校发展的现实困境

总体来看随着高等教育管理体制改革和高等院校圈层结构的形成，以及学科评价过程中指标体系单一造成的同质化和综合性取向，当前行业特色高校在高等教育发展形势和发展需求等方面均发生了巨大的改变[①]。

（一）办学经费问题

原行业所属高校一直由中央政府直接经办并委托行业部委直接管理，教育经费主要依托于中央财政划拨给各行业部委的转移支付款项。然而，随着行业特色高校划转地方政府管理，资金来源和管理体制发生了根本性的变化，导致一系列财务压力和困境。

中央部委属行业院校划转地方政府管理后，失去了原行业部委的直接隶属关系。这导致原本由中央财政划拨的转移支付款项无法直接到位，而行业特色高校不得不依赖省级财政拨款和学杂费收入作为主要的经费来源。这一变化使得原有的国家财政投资渠道不再可用，高校经费来源的多样性减少，增加了对地方政府财政支持的依赖程度。而地方政府财政性教育经费的支持难以满足高校发展的需要，尤其在物价上涨和教学成本增加的情况下，教育经费紧张成为行业特色高校办学中的常态。恰在此时，各高校又面临着大规模扩大招生的需求，需要增加投入以改善教学楼、教学设备和科研设备等教学资源。这使得一些高校只能通过大规模的银行贷款来解决基建经费问题，从而形成了严重的经营风险和办学压力。

在科研项目经费方面。由于原行业部门的主管关系不复存在，行业部门的科研支持也不可能再像以前那样以直接下达的方式实现，而更多地需要与其他高校，甚至是985工程高校等研究型大学进行竞争

① 刘国瑜．关于行业特色高校建设与发展的战略思考[J]. 中国高教研究，2008（04）：22-24.

获得。在申请国家开放式纵向科研课题方面，由于行业特色高校的学科和经验限制，所以竞争实力也显得相对不足。另外，一些国家级研究课题一般较少下达到地方院校。这些因素导致了行业特色高校在科学研究和科技创新上的弱势，导致了科研项目、科研经费减少。

总体而言，资金来源的变化使得行业特色高校在财务上面临多方面的困难。缺乏国家财政直接投入，依赖性加大，同时面临着与地方政府协调财政支持的挑战。解决这一问题需要高校更加积极主动地与地方政府沟通合作，争取更多的财政拨款和政策支持。同时，高校还需通过提高自身的财务管理水平，寻找多元化的经费筹集渠道，以更加灵活和可持续的方式解决资金压力问题。

（二）办学方向问题

行业特色高校在划转前，行业部门在学科建设、专业设置、课程体系等方面为高校提供了具体而明确的指导。然而，划转完成后，学校将失去这一明确的支持来源，导致其办学定位变得模糊不清。

评价机制是长期以来对高校的评价标准更注重符合一般性的指标，忽略了各高校独特的历史、地域、行业背景和使命等方面的差异。这使高校在调整发展路径时陷入两难境地。一方面，由于同质化评价过于关注学科的普遍性指标，高校可能选择延续过去的发展路径，依然偏向于强调传统优势学科，而忽略了新兴学科的培育和发展。另一方面，为了适应同质化的评价标准，高校可能会试图去除自身的特色，迎合综合性评价的需求。这使得高校在发展路径选择上陷入矛盾，既有延续过去路径的问题，又有去除自身特色的困扰。在这种情况下，一些高校强行增设了一批与行业关系松散的学科专业，并在规模扩张的过程中，相继修改学校名称，试图走综合性大学的办学道路。新增学科由于发展时间短，经验和成果积累不足，缺乏必要的平台和资源，照抄照搬优势学科的经验无法适应新的发展需求和发展领域，再加上师资力量薄弱，难以在新的领域打开局面，而传统优势学科在抢占大量资源的同时并没有起到带动作用[①]。这种“求全”“求大”的结果使得各个学科相互独立，各自为战。从而出现了原有优势学科由于边际效应递减问题发展缓慢，新设学科缺乏必要的基础和资源，难以在短时间内获得良好发展的局面。如果无法对新旧学科进行有效整合，不但会弱化自己长期建立起来的优势，而且会造成学科体系本身的混乱与割裂。

这样的情况既不利于我国高等教育整体竞争力的提升及社会职能的发挥，也不利于国民经济系统中各产业部门的持续健康发展，某种程度上还将制约我国国民经济与社会发展的“后劲”。如何在学科建设过程中加强统一性与互动性，能够在保持和加强自身行业特色的同时实现多元化发展，成为各行业特色高校共同面临和亟待解决的问题。

（三）学科结构问题

从 21 世纪初开始，在办学资源和办学环境都发生了巨大变动的背景下，我国行业特色高校通过一系列改革措施来探索和调整自身的办学定位和发展方向。但是，由于行业特色高校学科结构不健全、新兴学科建立较晚、基础学科实力贫乏等诸多因素，一时难以找到精准的发展方向。在这个过程中，学科之间的关系调整出现了较大的问题，主要是优势学科与基础学科、新兴学科、外围学科之间都存在着不协

① 闫俊凤. 生态学视域下行业特色高校学科建设 [J]. 高教探索，2014（02）：96-99.

调的现象。

面对学科关系调整的压力，由于长期的专注和传统积累，这些高校的优势学科可能在特定领域具有较强的师资力量和科研实力，但随着时代的发展，这种专注也可能使其对新兴领域的适应性不足，影响高校整体竞争力。在同质化竞争激烈的环境中，这样的选择可能导致高校逐渐失去竞争的主动性，最终影响其在高等教育领域的地位。全面变革需要高校投入大量资源，包括人力、物力和财力，并需面对学校内外多方面的压力和挑战。在这个过程中，高校可能面临领导层变动、师资力量不适应变革需求、学科结构调整不彻底等问题，使得变革效果难以实现预期。同时，对学科结构的全盘否定可能导致高校失去了自身的传统特色，丧失了在特定领域的深耕优势，陷入发展路径的不确定性和混乱中。

这一挑战的本质在于科技创新日益倾向于多学科协同，追求跨界融合的发展路径。由于行业特色高校长期以来专注于单一行业，致使其学科结构相对狭窄，缺乏跨学科的融合和交流。在当前科技创新强调学科交叉融合的大背景下，这种狭隘的学科结构对高校在新领域的探索和创新构成了制约。高校需要认识到，科技创新已经超越了传统学科的边界，更加注重不同学科之间的合作与融合。因此，行业特色高校在适应新科技创新需求上迫切需要进行学科结构的调整和创新，变革过程中找到平衡点，保持传统学科的优势的同时积极寻找适合自身发展的新特色。

第三章 行业特色高校优势学科发展溢出效应的现实表征

行业特色高校在其长期发展过程中形成特有的学科结构，其中优势学科代表了高校整体的核心竞争力，是自身声誉扩大和品牌树立的主要支撑，在发展过程中占有绝大多数的发展资源，其他学科一般被认为是起辅助作用，在整合学科体系中处于次要地位[①]。然而，在当前高校竞争日益激烈的情况下，单一而分散的学科体系设置无法满足社会发展的需要，社会发展在不断强调整合、多元、个性化，传统的配给制度已经无法适应这一新的局面。改革在所难免，而特色不能放弃，因此需要在原有优势的基础上，进一步去拓展、延伸、补充和融合，在强化自身优势与特色的同时，整合学科资源，不断凝练新的特色，形成开放式的学科生态系统[②]。目前来看，行业特色高校在学科发展规划上仍然存在着“增优”和“扶弱”两种不同意见，持前一种观点的人认为通过优势学科的培育和建设，可为高校在竞争中抢占制高点，

① 刘国瑜．关于行业特色高校建设与发展的战略思考 [J]. 中国高教研究，2008（04）：22–24.

② 闫俊凤．生态学视域下行业特色高校学科建设 [J]. 高教探索，2014（02）：96–99.

带动学校整体发展[①]，因此，需要围绕重点建设学科设置相应的学科高原、高地，为其提供发展支撑。持后一种观点的人认为，学科之间存在共生、互动和让渡的关系，统筹推进一流学科和弱势学科协调发展才能形成有序、和谐的学科建设生态环境[②]。两种观点都认为学科之间存在互动共进的关系，主要的分歧在于如何调整利益分配，实现发展效益的最大化。因此，在现有知识分类体系下，找到学科之间相互关联的规律，通过分析学科的辐射作用探寻发展的平衡点，是建设高质量的学科生态系统的关键策略。

一、行业特色高校优势学科发展溢出要素的基本属性

行业特色高校优势学科发展溢出效应的基本属性与特征是在其发展溢出过程中表现出来的主要性质和要素之间的关系，包括表现形式、作用范围、影响效果等方面的因素。通过对优势学科当中的知识、人才、资源溢出过程中的主体、对象、方式、渠道、影响等要素的分析确定行业特色高校优势学科所具备的属性和特征，在70多年的发展历程中，主要体现在与行业发展联系紧密、学科专业集中、人才培养目标明确清晰、科研方向明确等特征同时也存在学科服务面狭窄、专业设置单一、受到行业波动影响比较大等弊端。对于行业特色高校未来的发展方向来看，学科发展存在特定的价值属性、过程要

① 王春晖.推动高校优势学科建设 促进办学水平提升[J].中国高等教育，2015（12）：50−52.

② 周统建.价值生态视角下一流学科建设高校弱势学科发展战略思考[J].江苏高教，2019（03）：44−49.

素和结构框架。

（一）价值属性

学科发展溢出效应的价值属性指的是不同学科基于自身的利益需求在面对或处理学科发展溢出过程中的关联、竞争、协作时所持有的基本价值取向，包括价值主体、价值客体以及价值载体。它的突出作用是决定、支配学科建设的战略选择，因而对学科自身、学科间关系、学科发展走向均有重大影响。从历史发展过程来看，学科发展溢出的基本动力在于学科在发展过程中能够更有效的获取发展的资源，促使学科不断提升和进化，就其本质属性而言是一种资源整合和自我进化的方式。

学科发展溢出效应是在溢出主体进行正常活动或者进行正常发展投入之下产生了计划以外的正向影响，它的实质是一种价值增值。因此对于学科本身来说，其溢出效应体现的是一种随机性和无意识性，但是对于整个学科体系来说，这种溢出效应所产生的效益却足以使整个体系为之调整战略。因此在学科发展溢出效应过程中，真正的价值主体是高校本身而非溢出单位，正是由于学科发展溢出效应体现了高校自身的发展利益，学校才应当在投入相应的资源、设计相应机制、组织相应活动使学科之间能够实现更加充分的联系和整合。相对应的，这个过程中价值的客体是在溢出效应产生过程中形成的特定价值载体，包括知识的增长、组织的完善、资源的增加、人才培养能力的提升等等。这与溢出效应过程中行动的主体和客体有着本质的不同，在溢出效应过程中，行动的主要承担者是优势学科自身，主要的对象是非优势学科，客体是知识、人才和资源。

优势学科在对学科体系进行带动和整合的同时也存在着排斥效应，当某一学科与优势学科发展的联系并不十分紧密的时候，其发展过程并不理想，甚至会限制特定学科的发展。在最近几年出现的学科撤销的案例当中，与优势学科联系并不紧密的学科撤销是比较多的，而其他边缘学科的生存现状也是比较困难的，这种极化现象在行业特色高校的发展过程中更加明显。之所以会产生这样的问题主要是由于资源分配与竞争相关；首先，学科的发展依赖于资源，而高校当中学科发展资源是有限的，为了保持学校自身的声誉与特色必然会优先发展传统的优势学科，因此与优势学科相关度不大的学科自然会被忽视；另外由于高校本身的领导结构一般也是从优势学科内部产生，存在着一定的学术依赖现象，这样的人事制度显然对外围学科资源分配是不利的。从学科竞争力角度来看，学科发展存在内外竞争，在学科评估过程中往往是特定学科作为主攻对象，而周边的学科往往放弃自身的评价，将所有的成果资料放入有机会提升名次的学科当中，这样外围的学科由于对整体的学科评估成绩作用不大，必然会最先放弃，因此发展状况将会更加地艰难。

（二）过程要素

学科建设是一个系统工程，其发展受到学科演化和学科优化两股力量的推动[①]，这个过程中学科之间的相互作用扮演着重要角色，由于优势学科自身具有的资源优势也促使不同的学科聚集在优势学科周围形成了特定的学科群落和学科生态。

① 李林．研究型大学学科布局的对称性及其构建研究 [J]. 科研管理，2003（05）：65-70.

优势学科发展溢出的过程要素主要包括溢出主体、溢出内容和溢出渠道三个方面。行业特色高校中，优势学科是主要的溢出主体。这些学科通常从单一学科起步，逐渐发展成为多学科体系。其发展过程通过优势学科的部分分化而形成，其影响力主要体现在知识、人力、财力、物力等方面的大力支持。这些学科在学科发展中发挥主导作用，对其他学科产生带动性效应。溢出内容主要体现在知识、人才和财力物力等方面。首先，通过知识扩散，学科之间的关联度增强，促使跨学科和交叉学科的产生，进而引发学科发展溢出；其次，通过人才内部流动，高校各部门之间的人才交流互换关系使得学科间人才流动，为新学科建设提供了人才支持；第三，通过资源的共享，优势学科的实验、实训设施等资源可被其他学科共享，促使其他学科的发展。

在学科发展溢出方式上，行业特色高校的学科发展溢出效应通过知识扩散、人才内部流动以及资源共享的方式实现。这一现象呈现出放射状的模式结构，由于学科之间的差序关系，优势学科发展的溢出强度和范围会有所不同。因此，资源溢出、人才溢出和学术溢出成为解读行业特色高校优势学科发展溢出机制的关键要素。首先，从知识扩散角度来说，学科的本质是知识组织的具象化，而知识之间存在着相互关联，这种关联不仅仅是学科本身的亲缘关系，更多的是对相同现象的不同表达，于是才有了跨学科和交叉学科产生。目前的学科之间关联度越来越明显的情况下，学科发展溢出的强度和范围也是明显增强的；其次，从人才的内部流动角度来说，高校各部门之间都存在着人才的交流互换关系，目前学术界更多的把注意力集中到校际间的人才流动，而学科之间的人才流动同样也对学校的整体发展产生作用，主要表现在建立新学科的过程中需要从传统优势学科当中引进一批人才，而人才所持有的学术资本就构成了学科发展溢出条件；第三，资源的共享，传统的优势学科在发展过程中积累了较多的实验、实训设施，这些资源通过共享的方式促使其他学科能够应用，而其他学科对于资源设备的依赖性也就体现在优势学科自身溢出效应的强度和范围，同时优势学科过剩的人力资源也可以帮助其他学科进行一定的智力补充。例如开设专业大类的公共课程，组织学术交流活动，包括在课题或者项目申报的时候，作为重要的参与人员提供相应的协助，或者校内联合培养研究生等方式都是实现资源有效溢出的重要方式。由于学科的本质是知识体系的具象化，学科之间或强或弱的关联形成了知识溢出的条件，优势学科在行业特色高校发展中处于绝对优势的地位，其他学科与优势学科存在着特定关联，在这样的差序格局的影响下，优势学科发展的溢出强度和溢出范围都会有所区别，因此会呈现放射状的模式结构（图 3-1）。

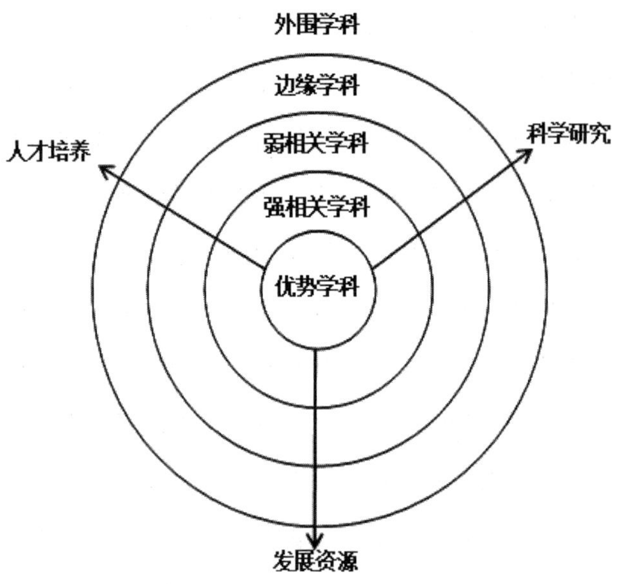

图 3-1　行业特色高校优势学科发展溢出效应模型图

（三）表现特征

行业特色高校优势学科发展的溢出效应的外在表现主要从溢出强度、溢出范围、溢出方向三个方面有所表现。

溢出强度主要是指高校行业特色高校在学科发展过程中对于不同学科带动作用的强弱程度，以及不同影响程度所表现出来的总体特征，和溢出范围是相辅相成的关系。例如工科类的行业特色高校的优势学科发展溢出强度要明显高于经济、政法类行业特色的高校，而优势学科与非优势学科之间的差异同样会对溢出效应产生差异，这些内容都是本研究需要首先确定并努力探索的问题。溢出范围是指在行业特色高校内部，优势学科对于其他学科产生影响的范围，也就是说优势学科能够在多大程度上为行业特色高校的整体发展提供相应的资源，同时由于优势学科本身的资源占有较多，这些资源集中是否会对学科整体发展产生负面影响。

溢出方向主要体现在行业特色高校学科发展溢出所产生的聚集性的三个方向，一个是对于上游学科的聚集，主要是由于行业特色优势学科一般都是以应用学科为主的聚集方式，而应用学科需要有基础学科进行支撑，因此在优势学科内部必然会存在基础研究的内容，随着自身的需求以及学科的发展，上游的基础学科逐渐形成并逐步地壮大，这些基础学科一般都是与优势学科存在着紧密联系并且能够起到支撑作用的基础学科。与综合性或师范类院校基础学科具有很强的引领性和独立性不同，行业特色型高校基础学科在设立之初就具有很强的依赖性和从属性[①]；第二个聚集方向就向下聚集；随着知识的发展、技术的分化，学科体系逐渐细化，行业特色高校的优势学科同样存在着向下细分的问题，其过程一般都是在学院当中出现若干个系或教研室，当时机成熟的时候再细分出去并形成新的学科；第三个方向是横向聚集，主要是通过学科交叉与整合的方式，出现新的学科方向，在发展成为学科体系的过程。总的来看，行业特色高校的学科发展溢出效应都是以优势学科为核心形成了学科群组织实现的发展过程。

总的来说，我国行业特色高校学科发展溢出本质上是一种知识转移的过程，溢出主体主要是行业特色高校的优势学科，而优势学科往往也是行业特色高校与行业联系最为紧密的组织，代表了学校的核心竞争力，学校对于行业的人才服务、技术升级、产业集聚等方面的作用，而溢出效应则是其实现以上功能的根本途径。溢出对象是优势学科以外的学科，不同的差序关系构成了相关分类；溢出媒介是对行业特色高校进行学科发展溢出的具体方式，例如知识网络、人员扩散、资源共享等的方式；溢出影响是溢出效应所体现出来的效果，本研究的溢出效应主要强调的是优势学科对一般学科产生的积极影响。这些内容作为行业特色高校学科发展溢出效应的基本要素和分析框架，为之后学科发展溢出效应的作用机制提供必要的基础性描述。明确行业特色高校优势学科发展溢出效应的属性、特征，有助于该效应的功能定位和价值取向进行重新审视。溢出的内容主要包括人才培养、科学研究以及发展资源三个方面，在进行学科发展溢出的过程中，优势学科的发展水平和学科发展方向可能会起到重要作用，一般学科的学科

① 魏宝君．“双一流”建设背景下行业特色型高校基础学科建设与发展举措——以中国石油大学（华东）物理学科建设为例 [J]. 学位与研究生教育，2020（12）：37-44.

发展水平和学科生态位也会产生作用，学科之间的关系是学科发展溢出的主要渠道，与知识距离、行业联系以及资源平台密切相关，由此构建出行业特色高校学科发展溢出效应的分析框架（图 3-2）。

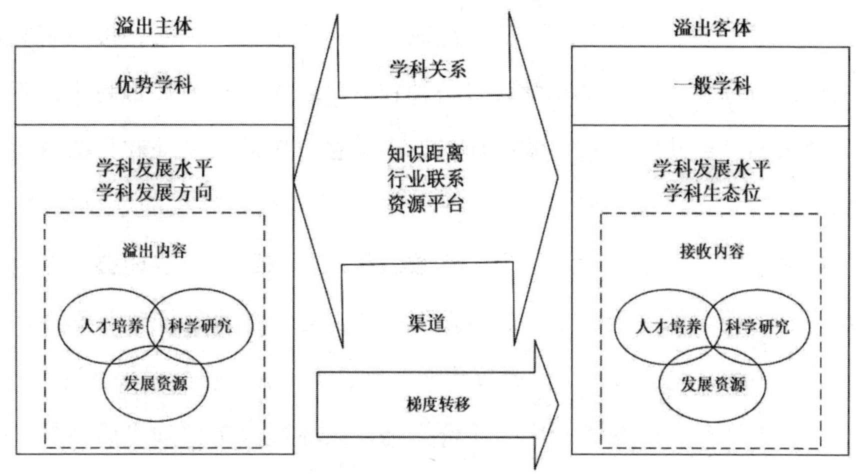

图 3-2 学科发展溢出过程分析框架图

二、学科发展溢出效应的观测维度

学科发展溢出效应是优势学科带动非优势学科共同发展的机制，而行业特色高校中学科发展的影响因素是复杂且相互关联的，周边学科的发展带动作用很难直接呈现在数据当中。过去的研究倾向于从资源和政策的角度对学科发展进行分析，然而资源的投入以及政策制度的影响是对应单一学科的发展，而学科整体发展关联性却并不能很好的解释；另外，这样一种认知思路也会造成学科之间发展过程的割裂，最终会导致学科发展成了对于发展资源的投入产出分析。无论从学科发展的现实规律角度还是从学科引领方向的角度来看，对于学科发展溢出效应的理解和分析都是需要完善解决的问题。

（一）学科发展维度

目前对于学科发展的测量往往通过学科评估进行测量，按照不同的评价指标和框架体系将学科进行加权计算。在学科发展过程中，不同学科的发展状况往往是统一而协调的，在有关政策文件和相关评估标准的约束下，某一种或者某几种指标也能够代表高校的学科发展，例如通过对高校不同学科论文发表数量发展情况的分析也能够较好地反映出高校学科发展的状态，因此对于相关指标的计算同时与学科评估数据的结果进行对照可以比较清晰地反映出不同学科的发展情况。

当前关于学科发展情况的评价指标体系较多，考虑到当前高校学科建设主要是以教育部相关的政策法令要求为主要参照，因此本研究对于学科发展情况的判定主要是在教育部第五次评估指标的基础上进行修改后得出的（表 3–1）。

表 3–1　学科评估指标权重表

<table>
<tr><th colspan="3">三级指标</th><th>统计项目</th><th>权重</th></tr>
<tr><td rowspan="6">人才培养</td><td rowspan="6">培养过程</td><td rowspan="2">教学成果奖励（折合项）</td><td>国家级教学成果奖</td><td>2</td></tr>
<tr><td>研究生教育成果奖</td><td>1</td></tr>
<tr><td rowspan="3">精品示范课程（门）</td><td>国家级精品资源共享课</td><td>1</td></tr>
<tr><td>国家级精品视频公共课</td><td>1</td></tr>
<tr><td>教育部来华留学英语授课品牌</td><td>1</td></tr>
<tr><td>教材（本）</td><td>教材</td><td>7</td></tr>
</table>

续表

三级指标			统计项目	权重
人才培养	培养过程	高端人才（折合数） 其中同时拥有两个或以上头衔的学者仅统计一次	中国工程院院士	2
			中国科学院院士	2
			国家千人计划入选者	2
			国家杰青基金获得者	2
			长江学者特聘教授	2
			长江学者讲座教授	2
			‘四个一批’人才	1
			‘马工程’首席专家	1
			国家优秀青年科学基金获得者	1
			国家级教学名师	1
			教育部新世纪人才	1
			教育部跨世纪优秀人才	1
			现任学科评议组成员	1
			百千万人才工程国家级人选	1
			长江青年学者	1
			青年千人（青年千人计划）	1
			青年拔尖人才（万人计划）	1
		团队情况（个）	国家级教学团队	4
			教育部创新团队	4
	支撑平台	科研与教学平台（折合数）	国家实验室	2
			国家重大科技基础设施	2
			国家重点实验室	2
			其他省部级与国防重点实验室、基地、中心	1
			国家国际科技合作基地	1
	支撑平台	科研与教学平台（折合数）	国家实验教学示范中心	1
			国家工程实验室	1
			国家工程技术研究中心	1
			国家工程研究中心	1
			国防科技重点实验室	1
			教育部国际合作联合实验室	1
			教育部工程研究中心	1
			教育部重点实验室	1

续表

三级指标			统计项目	权重
科学研究	科研成果	国际重要期刊论文（篇）	SCI、SSCI	10
		中文期刊论文（篇）	核心期刊 &CSSCI	6
		专利（个）	专利	6
	科研获奖	国际国内奖励（折合数）	国家技术发明奖	2
			国家最高科学技术奖	2
			国家科技进步奖	2
			国家自然科学奖	2
			全国教育科学研究优秀成果奖	1
			华夏建设科技奖	1
			教育部高校科研优秀成果奖（人文社科）	1
			教育部高校科研成果专利奖	1
			教育部高校科研成果技术发明奖	1
			教育部高校科研成果科技进步奖	1
			教育部高校科研成果自然科学奖	1
			教育部高校科研成果青年科学奖	1

续表

三级指标			统计项目	权重
科学研究	科研项目	科研项目数量（折合数）	全国教育科学规划课题（B类）	5
			国家社会科学基金项目（B类）	5
			国家社会科学基金项目重大项目（A类）	5
			国家自然科学基金项目（B类）	5
			国家自然科学基金项目优秀青年科学基金项目（A类）	5
			国家自然科学基金项目创新研究群体科学基金（A类）	5
			国家自然科学基金项目国家杰出青年科学基金（A类）	5
			国家自然科学基金项目国家重大科研仪器设备研制专项（A类）	5
			国家自然科学基金项目重大项目（A类）	5
			国家自然科学基金项目重点项目（A类）	5
			教育部人文社科基金（C类）	2
			教育部人文社科基金重大项目（A类）	2

注：奖项类指标为每种奖项 * 等级系数，特等奖 *1.2 一等奖 *1，二等奖 *0.8，三等奖 *0.6，四等 *0.4，其余 *1。

（二）学科关系维度

学科作为知识体系的组织方式，相互之间存在着天然的联系，不同的学科之间存在着相关关系，这种关系是学科产生和发展过程中形成的历史积累，也是知识本身的内在关联。虽然不同学科在高校中是以不同行政单位的形式组织起来的，但是学科之间的关系仍然存在着亲疏远近，相互之间构成了完整的关系网络。这样的一种学科关系能够通过学科网络的形式进行表现，通过论文相互之间的引用关系能够体现出相互联系的强度。在方法上，由于学科之间的关联是一种动态的形式，对于学科关系的判断不仅仅要对于当前学科的分类和归属进行判断，还要对学科发展过程中不同学科之间的交叉情况进行探索，为了方便起见，对学科发展关系类别的判断主要是按照我国最新公布的 14 个学科大类的分析方式，对文献之间的引用情况进行分析。

“距离”是与“空间”相联系的变量，是一个作为外部直观之基础的必然的先天表象①。从高校学科发展的角度来看，由于知识存在着相互的联系，学科之间无疑存在着密切的关联，这种关联最终形成了抽象的空间表象，而学科之间的关系紧密程度就构成了学科之间的距离。当前对于学科距离的探索主要是对学科之间关系的探索，学科间的距离是学科间差异的度量方式，利用学科变量的不相关性进行表征②，通过 Rao-Stirling 指标③、引用网络④、关键词聚类⑤⑥⑦等方式进行测算。参照已有研究，本研究将学科之间的距离根据优势学科与一般学科之间的相异程度来表示。

为了对学科的相关性进行量化处理，本研究在 web of scienc 核心

① 邓晓芒 . 康德《纯粹理性批判》句读（上）[M]. 北京：人民出版社，2010，173-181.

② 许海云，刘春江，雷炳旭，李灵慧，方曙 . 学科交叉的测度、可视化研究及应用——一个情报学文献计量研究案例 [J]. 图书情报工作，2014，58（12）：95-101.

③ Stirling A. A general framework for analysing diversity in science, technology and society[J]. Journal of the Royal Society Interface, 2007, 4（15）：707-719.

④ 邱均平，曹洁 . 不同学科间知识扩散规律研究——以图书情报学为例 [J]. 情报理论与实践，2012，35（10）：1-5.

⑤ 李长玲，郭凤娇，魏绪秋 . 基于时序关键词的学科交叉研究主题分析——以情报学与计算机科学为例 [J]. 情报资料工作，2014（6）：44-48.

⑥ 岳增慧，许海云，郭婷，等 .“情报学”与“计算机跨学科应用”的学科交叉对比研究 [J]. 情报资料工作，2016（2）：16-22.

⑦ 叶春蕾 . 基于 Web of Science 学科分类的主题研究领域跨学科态势分析方法研究 [J]. 图书情报工作，2018，62（02）：127-134.

库中随机抽取 17110 本不同期刊，对于不同期刊所属的相关学科共现情况进行网络分析后，利用 COOC 软件通过学科之间的相关性建构相异矩阵并获取相异系数，以此来描述学科之间的距离。

学科之间的距离是通过相异系数来反映的，数值范围为 0——1，数值越大表示两个学科之间的距离越远。为检验估计结果的稳定性，分别取距离倒数 W（1）、距离倒数平方 W（2）、距离倒数的负指数 W（3）进入模型运算，同时设定阈值 d。

$$W(1):\ w_{ij,d}=\begin{cases}1/d_{ij}, & d_{ij}\geqslant d\\ 0, & d_{ij}<d\end{cases}$$

$$W(2):\ w_{ij,d}=\begin{cases}1/d_{ij}^{2}, & d_{ij}\geqslant d\\ 0, & d_{ij}<d\end{cases}$$

$$W(3):\ w_{ij,d}=\begin{cases}\exp^{-d_{ij}/d_{\min}}, & d_{ij}\geqslant d\\ 0, & d_{ij}<d\end{cases}$$

（三）学科影响维度

学科之间的关联是客观存在的，但是这样一种关联主要是对学科发展溢出产生条件的反映。但是在现实情况当中，行业特色高校学科发展的溢出效应往往并不是通过这样一种知识扩散的路径实现的。通过对不同行业特色高校的发展历史，学科演化过程进行分析能够发现学科发展溢出效应所带来的变化。本研究重点是对行业特色高校优势学科对于其他学科产生的溢出效应，具体包括溢出的强度、溢出的范围以及溢出的影响因素。在溢出强度方面，对于学科间人才的内部流动、知识的扩散以及组员的分配等方面进行分析；在溢出范围方面，对于不同优势学科所影响的学科数量，以及对应的学科之间的关系网络进行对比，以此来分析学科发展的溢出效应能够在多大范围内起作用；溢出影响因素，主要从制度、资源、知识关系的视角对行业特色高校学科发展溢出进行分析，了解影响高校学科发展溢出效应的因素包括哪些，这些因素是如何起到相关作用的。

优势学科如果带动本校其他学科共同发展，直接的表现就是他们固有的发展趋势上会有比较明显的提升。因此本研究借鉴区域经济增长收敛假说①，选择空间杜宾模型作为理论参照。考虑到学科之间存在显著的距离相关性，为了检验优势学科能否通过溢出效应带动其他学科共同发展，本研究在学科发展收敛模型中引入学科发展溢出变量，构建包含优势学科和一般学科的高校学科发展多元回归模型，检验优势学科是否带动了一般学科的发展。

计量模型：$y_{si} = \alpha + \beta \times x_{si} + \gamma \times W \times x_{sj} + \rho \times W \times y_{sj} + \varepsilon$

以 S 高校为例，y_{si} 代表 S 高校除了优势学科之外的其他学科 i 的发展率；x_{si} 代表 S 高校除了优势学科的其他学科 i 之外的期初水平；x_{sj} 代表 s 高校优势学科 j 的期初水平；y_{sj} 代表 s 高校优势学科 j 的发展变化率；W 代表优势学科 j 与其他学科 i 之间的距离。

β 代表其他学科 i 的期初发展水平与发展变化率的关系，如果 β 显著为正，说明优势学科与一般学科的增长率是在不断增大，否则就是在不断缩小；γ 代表高校优势学科 j 的期初发展水平对其他学科的影响，如果 γ 显著为正，则说明优势学科的期初值对其他学科有着正向的影响；ρ 代表高校优势学科 j 的溢出效应，如果 ρ 显著成果为正，则说明优势学科发展速率对其他学科有着正向的溢出效应。ε 代表随机扰动项，指其他影响高校其他学科发展率 y_{si} 的因素。

综合来看，对于行业特色高校学科发展溢出效应影响因素和作用

① Barro R J. Economic Growth in a Cross Section of Countries[J]. The Quarterly Journal of Economics，1991(2):2.

机制的研究，不但要了解学科发展的评价标准、高校学科之间的关系以及学科发展的历程。同时还有对行业特色高校的学科特征以及学科自身发展规律进行深入探索，通过对学科内部的制度体系、人事关系、发展情况进行分析才能够获得最终的成果。

三、学科发展溢出效应的实证检验

（一）基本假设

本研究将高校的学科分为“优势学科”和“普通学科”两种类型，主要探讨前者对后者的发展溢出效应。其中优势学科作为具有较强的学科实力和较多发展资源的学科，在高校的资源分配当中具备很大的优势，往往代表着一所学校的品牌和特色，例如各高校的“一流学科”或“重点建设学科”。在当前的情况下，要想在“增优”和“扶弱”的争议中达成共识就必须要回答 3 个问题：在学科整体的发展过程中，优势学科能否有效带动其他学科的发展？优势学科对于学校来说影响范围是一种全局性的还是局域性的？优势学科自身的发展水平是否对其溢出效应有影响？基于以上问题，本研究提出三点假设，通过验证假设来依次解答上述问题。

假设一：优势学科能够通过学科发展溢出效应带动其他学科共同发展。

本研究所探讨的问题是优势学科与其他学科之间的关系的问题，优势学科如果能够通过学科发展溢出效应带动其他学科共同发展，则说明高校学科发展并非孤立性的，而是在与其他学科相互扶持、相互影响的过程中逐渐形成的，学校应当重点建设优势学科，通过溢出效应实现整体发展，否则就要为非优势学科提供更多资源，实现均衡发展。

假设二：受到学科关系距离衰减规律的影响，优势学科通过溢出效应带动其他学科共同发展是局域的而非全局的。

学科之间的距离反映了学科之间相关联的程度，这种程度对于知识体系的交叉和融通都会造成一定的影响，因此学科发展溢出的强度随着学科之间距离的增大而减小，也就是说学科发展的溢出效应在空间范围内是有限的。因此，本研究推断，优势学科通过溢出效应影响作用具有空间有限性，可能无法带动所有学科的发展，在影响范围以外的学科要强调自主性发展。

假设三：学科的发展水平能够影响其溢出效率

高校对于发展战略的选择需要充分考虑自身学科布局的现实情况，不同高校的重点建设学科对于学校整体发展的带动作用是不同的，是否继续加强优势学科的建设取决于其发展水平与学科发展溢出能力之间的关系，如果其发展溢出水平仅仅是线性提升则要考虑减少投入，因为随着学科的不断壮大其发展速率会有所下降；而如果其发展溢出效率也同时提升则仍然有继续投入的价值。

（二）样本选择

关于学科样本的选取，本研究教育部等三部委公布的世界“一流大学”和“一流学科”建设高校及建设学科名单中的高校进行筛选，选取了所有所原行业部门所属的高校，为了保障研究数据的有效性，样本筛选过程中排除了拥有三个以上“一流学科”建设高校，同时排除了中医、军工、艺术、外语、师范等干扰因素较多的学科的高校，共选出45所高校，同时添加了一些原行业部门所属的具有明显学科特色的地方本科院校，共获取高校68所，包含93个“优势学科”和23268个普通学科（表3-2）。

表3-2　行业特色高校抽样分布表

行业类别	高校	优势学科
航空航天	哈尔滨工业大学；北京航空航天大学；西北工业大学；南京航空航天大学；南昌航空大学；沈阳航空航天大学	力学、气象科学
军工类	南京理工大学；长春理工大学；中北大学；西安工业大学；沈阳理工大学；重庆理工大学；哈尔滨工程大学	兵器科学与技术
信息	电子科技大学；西安电子科技大学；杭州电子科技大学；桂林电子科技大学；北京信息科技大学；北京邮电大学、南京邮电大学、重庆邮电大学、西安邮电大学	信息与通信工程、计算机科学与技术、电子科学与技术
资源	中国地质大学；成都理工大学；华北电力大学；河海大学；东北电力大学；中国石油大学；东北石油大学；西安石油大学；辽宁石油化工大学；常州大学；中国矿业大学	水利工程、环境科学与工程、电气工程、矿业工程、石油天然气工程
轻工	东华大学；天津工业大学；江南大学；西安工程大学；浙江理工大学；	纺织科学与工程、轻工技术与工程、食品科学与工程
化工	北京化工大学；北京理工大学；青岛科技大学；沈阳化工大学；武汉理工大学；华东理工大学	化学工程与技术、材料科学与工程岗
交通	大连海事大学；长安大学；上海海事大学；	交通运输工程
农业	中国农业大学；南京农业大学；西北农林科技大学；华中农业大学；沈阳农业大学；华南农业大学；东北农业大学；上海海洋大学；石河子大学；大连海洋大学；塔里木大学	林业工程、水产、作物学、畜牧学、生物学

续表

行业类别	高校	优势学科
经贸	对外经济贸易大学；上海财经大学；中央财经大学；中南财经政法大学；东北财经大学；江西财经大学；山东财经大学	应用经济学、统计学

当前关于学科发展情况的评价指标体系较多，考虑到当前高校学科建设主要是以教育部相关的法令要求为主要参照，因此本研究在第五次学科评估体系框架下，应用了大连理工大学学科评估中心的统计指标和数据库资料，对学科发展情况进行判定。本研究选定2015——2021年的截面数据。

（三）实证分析

本部分基于第三部分所构建的多元回归模型，依次对相关变量进行计算，以检验是否存在优势学科通过溢出效应带动其他学科共同发展的现象。若存在这种现象，则采取设置距离阈值的方式，检验学科发展溢出效应的这种带动作用是全局性的还是局域性，同时分析优势学科本身的发展情况对溢出效应的影响。

1. 对假设一的检验

假设一主要是判断优势学科的发展是否会对周边学科发展产生带动作用，需要对两个方面的内容进行验证。其一是确定学科发展溢出系数 ρ 值的正负性，如果是正值则说明优势学科对其他学科的发展是正向影响；其二是对比加入距离权重前后 β 值的变化情况，如果值变小，则说明优势学科起到了带动作用。分别将各高校学科发展的数据带入到回归模型计量模型：$y_{si}=\alpha+\beta\times x_{si}+\gamma\times W\times x_{sj}+\rho\times W\times y_{sj}+\varepsilon$ 后，用STATA软件进行回归得到如下结果（表3–3）。

表 3-3　总体学科发展溢出效应表

	不考虑距离	W（1）	W（2）	W（3）
β	−0.0215*** （0.0185）	−0.0274*** （0.0176）	−0.0271*** （0.0185）	−0.0266*** （0.0189）
γ	/	0.138*** （0.00465）	0.0827*** （0.00275）	0.0391*** （0.00289）
ρ	/	0.0663*** （0.0111）	0.0245** （0.0139）	1.864*** （0.414）
_cons	5.594*** （0.357）	5.447*** （0.365）	6.578*** （0.389）	5.575*** （0.343）
N	23268	23268	23268	23268
r2	0.115	0.116	0.147	0.123

注：Standard errors in parentheses*p<0.1,**p<0.05,***p<0.01

计算结果中在引入三种距离权重之后，ρ 值始终显著为正，说明“优势学科”发展速率对其他学科有着正向的溢出效应。另外 β 值代表了学科发展的系数，当学科发展用评估得分进行表示的时候，系数的正负代表了学科发展的幅度。通过计算结果可以发现 β 无论是否带入距离权重，始终都是负数，说明学科评价得分是在不断下降的。在不带入距离权重的时候的 β0 值为 −0.0215，说明每增加一个单位，其学科发展分数变化率降低约 0.0215 个单位；带入距离权重的时候变化率 β1、β2、β3 分别为 −0.0274、−0.0271、−0.0266，说明在将溢出效应因素从学科变化的因素剥离出来之后，学科发展下降率会明显增加，也就是说“优势学科”的发展在一定程度上抑制了学科发展的边际效应递减问题，不仅没有让“优势学科”与一般学科之间的差距加大，反而提升了一般学科的追赶速度。因此“优势学科”能够通过学科发展溢出效应带动其他学科共同发展。

2. 对假设二的检验

从前面的分析可以得出结论，“优势学科”对周边学科的带动作用存在空间溢出现象，而空间溢出是服从空间距离衰减规律的。需要思考的问题是“优势学科”的引领作用是影响到高校内的所有学科还是仅限于与之距离相近的部分学科呢？本部分内容就该问题进行数据分析。相关系数 ρ 及其显著性直接反映了空间溢出效应的强度，本研究以该系数为依据，采用设定距离阈值的方式，对这个问题进行分析。在设置距离阈值时，学科距离相距（相异系数）0.4 以下的学科仅有少数，因此本研究以 0.4 为起点，每增加 0.1 个单位回归一次，并依次记录回归结果中空间溢出系数 ρ 的估计值及其显著性（表 3–4）。

表 3–4　学科发展溢出效应距离区间数据表

	0.4–0.5 区间	0.5–0.6 区间	0.6–0.7 区间	0.7–0.8 区间	0.8–0.9 区间	0.9–1 区间
β	−0.016*	−0.0945**	−0.113***	−0.101***	−0.0417	−0.141***
γ	0.142**	0.163***	0.197***	0.179***	0.182***	0.347***
ρ	0.171***	0.111***	0.0932***	0.0784***	0.0711***	0.0313*
N	1096	1775	3635	5244	5012	6506
R^2	0.231	0.0842	0.0407	0.0429	0.0249	0.0535

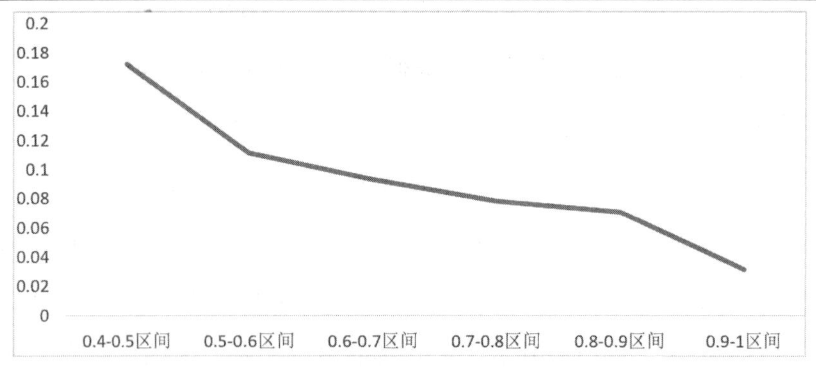

图 3–3　学科发展溢出效应距离关系图

结果发现，在设置不同的距离阈值情况下，空间溢出虽然呈现出明显的距离衰减现象（即与优势学科的相异系数越高，学科发展的溢出效应越小），但其衰减轨迹并非线性的，而是呈现出阶梯式的递减图像。学科发展的影响受到距离衰减规律的影响，这一现象在对假设一的检验中也是有所体现的，由于学科发展的场域非常复杂，当距离比较大的时候其他的干扰因素将会抵消掉优势学科的影响作用，这些因素包括资源的分配①、管理制度②、学校文化③等方面。从学科发展溢出效应距离关系图中可以发现，距离的影响虽然存在小幅波动，但是整体上看是一种减弱的趋势，当距离在 0.8 个单位以上的时候，β 值没能通过 5% 的显著性检验，并且影响率 ρ 的数值急剧下降，可以认为是一种无溢出的状态（图 3-3）。因此，受到学科关系距离衰减规律的影响，优势学科通过溢出效应带动其他学科共同发展是局域的而非全局的。

从上面的分析可知，学科之间相异系数在 0.8 个单位以下才具有明显的溢出效应，因此，以相异系数 0.8 为阈值，对学科相异系数矩阵进行网络可视化处理，就可以确定不同学科发展的溢出范围。不同学科的影响力是不相同的，例如环境科学与工程学科是溢出范围最大的学科，可以对石油与天然气工程、生态学、化学工程与技术、生物工程、食品科学与工程、生物医学工程、作物学、畜牧学等 58 个学科产生发展溢出效应，而林业工程只能对 10 个学科产生溢出作用（图 3-4）。

① 眭依凡．关于“双一流建设”的理性思考 [J]. 高等教育研究，2017，38（09）：1-8.

② 周光礼．“双一流”建设的三重突破：体制、管理与技术 [J]. 大学教育科学，2016（04）：4-14，122.

③ 陆根书，胡文静．一流学科建设应重视培育学科文化 [J]. 江苏高教，2017（03）：5-9.

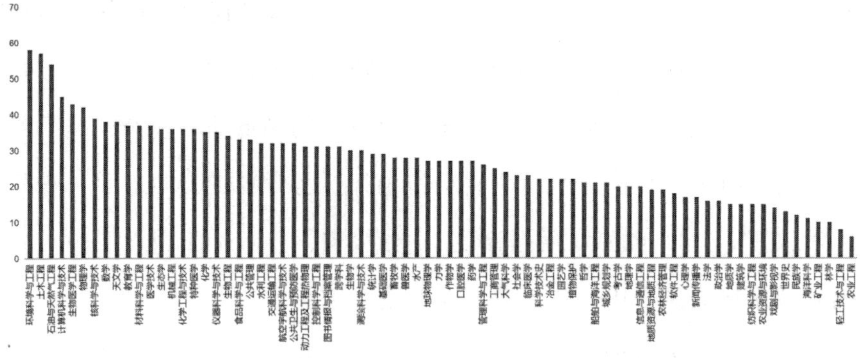

图 3-4　学科发展溢出范围图（部分）

3. 对假设三的检验

基于上述的实证分析可知，“优势学科”带动其他学科实现共同发展所呈现出的这种局域性特征与“优势学科”的自身实力紧密相关，那么它是否与各个其他学科空间溢出的能力差异也密切相关呢？由于从总体来看我国高校学科始终处于快速的发展的情况，因此本研究将整体数据按照年份分为 2015——2018 和 2018——2021 两个部分，分别代入到回归方程当中，比较溢出系数 ρ 的值。结果表明，这两个子样本溢出系数 ρ 的显著为正，且都通过 1% 的显著性检验，从绝对值来看，样本 2018——2021 年的溢出系数为 0.0884，显著大于 2015——2018 年的溢出系数 0.0605（表 3-5）。这表明，在控制其他变量的情况下，“优势学科”的发展水平越高，对于其他学科的带动作用越大。

表 3-5　学科发展溢出效应年度区间对照表

	2015-2018	2018-2021
β	−0.151***	−0.0899***
γ	0.0241*	0.0756**
ρ	0.0605**	0.0884***

续表

N	23268	23268
r2	0.0239	0.0223

总的来看，优势学科确实带动了与之近邻的部分学科实现了共同发展，但这个溢出效应的有效性是局域的而不是全局的。截至目前，研究仅发现在以优势学科为标准，相异系数在 0.8 以内的学科存在明显的学科发展溢出效应，超过这个空间范围，其效果就不大了。其中的原因，一方面，可能与优势学科的发展规模和发展能力有关。但是随着优势学科的不断发展壮大溢出能力的增强，其空间溢出边界可能随之向外进一步推移，从而能够带动更多的其他学科加快发展。另一方面，虽然学科发展的溢出效应会随着相异系数的增大而减弱，但并不是一种线性关系，这与一般学科对优势学科发展溢出效应的利用能力有关，因此如何提高对优势学科空间溢出的利用能力也值得重视。

（四）主要结论

行业特色高校优势学科发展溢出效应的基本属性与特征是在其发展溢出过程中表现出来的主要性质和要素之间的关系，包括表现形式、作用范围、影响效果等方面的因素。通过对优势学科当中的知识、人才、资源溢出过程中的主体、对象、方式、渠道、影响等要素的分析可以确定行业特色高校优势学科所具备的属性和特征。

在行业特色高校的发展过程中，优势学科发展溢出效应是形塑行业特色高校学科体系形态的主要方式，学科体系自身的差序格局造成了学科发展水平的差异。从现实情况来看，行业特色高校的优势学科能够带动周边学科的发展，但是这种带动作用存在距离衰减的特性，与优势学科的相异系数大于 0.8 时，优势学科发展的溢出效应无法得到验证，可以认为优势学科发展的溢出效应是存在范围的。通过对比一般学科发展水平与其对溢出效应接受能力之间的关系可以发现，学科发展水平越高，其接受能力越强。由此可以认定，行业特色高校优势学科发展溢出效应存在扩散效应、带动效应和极化效应。

从知识发展的内在逻辑来看，由于传统的行业特色高校学科之间存在着较强的内容亲缘性，学科间在研究领域的重叠、研究对象的交叉，形成了知识层面相互补充、相互渗透、相互借鉴的关系，优势学科以其绝对优势的发展体量带动着其他学科的发展。从社会需求的外部逻辑来看面对日益复杂的能源、生态等现实问题，高校面向社会发展需求进行知识生产，单一的学科已经无法适应当前复杂而多变的社会需求，需要围绕某一社会需求构建多学科的体系开展集中攻关，实现学科生态的完善。从学科管理的推动逻辑来看，在行业特色高校建设过程中，人财物等资源整合机制的创新成为推动学科群建设的内在组织力量，只有构建相应的资源整合机制，逐渐产生了学科发展溢出的倾向性，成为学科发展溢出的另一动力。优势学科的发展过程也是知识的梯度转移过程，包含三个机制：在高校学科生态治理过程中的创新机制，知识吸收过程中的转化机制，学科互动过程中的联动机制。由于学科是高校这一大系统的子系统，受到外部环境的影响，因此，在学科发展过程中，首先必须根据行业特色高校的发展需求和发展环境采取相应的措施，从而确保其对外部环境的最佳适应；其次，学科的发展是在不断变动的条件下以反馈的形式趋向高校发展目标的过程。因此，必须根据高校的近远期目标以及资源条件，采取顺势而行的溢出策略；第三，优势学科发展的溢出功效体现在学科治理和发展要素的相互作用过程中。因此，必须根据高校各要素的关系类型以及各要素与溢出效应之间的关系来确定治理方案。从溢出效应的性质和要素出发，可以通过行业特色高校文化建设、组织调控、资源保障、学术生态四个方面权变因素的分析，确定如何保证行业特色高校学科发展溢出效应行业价值的最大化。

从实现整体发展考虑，一方面，各高校需要根据自身优势学科的特征和发展程度确定学科发展布局；另一方面，需要改善优势学科的发展溢出条件，扩大其带动其他学科共同发展的效能。由于"优势学科"本身的发展水平会对该学科发展的溢出效率产生作用，因此学科在影响程度上是可变的，随着"优势学科"的发展，它们还有可能带动更多的周边学科实现共同发展。在这个过程中各高校和相关部门应该加大推动这些"优势学科"结构调整和转型升级的支持力度，加快其形成新结构和新模式的步伐，提升优势学科的发展水平，从而可以带动更多的其他学科走向共同发展。另外，学科发展溢出作为一种外部效益，其他学科只有积极主动地加以利用，才能够发挥出更大的作用，通过加强资源供给、改善发展环境、加强学科交叉、产学研合作等多种途径，提高自身利用"优势学科"发展溢出的能力，搭上"优势学科"发展的"便车"，为学科的创新发展获取新的动力。

第四章 行业特色高校优势学科发展溢出效应的内在机理

一、学科发展溢出的理论依据

行业特色高校优势学科不仅仅是孤立存在的学科实体，而是构成整个学科生态系统的一部分，与其他学科共同建构了复杂的关系网络。随着知识、人才、资源的流动，优势学科会产生发展溢出效应。这一过程可以从学科生态系统观、知识溢出理论、梯度转移理论等方面得到理论支持。

（一）学科生态系统观

学科生态取自自然生态的概念隐喻，是将自然界的不同生物生存发展内在机制以及物种之间、生物与环境之间的关系，放在一个统一的理论系统中进行分析，在相互关联的体系中对某个要素的发展状态和发展过程进行阐明。这一研究思路被运用到不同学科的领域中，比如人类生态学（human ecology）、组织生态学（organizational ecology）、种群生态学（population ecology）等。在教育学领域当中，由于其复杂性和关联性，生态学的方法也被大量的使用，如将生态学原理与课堂教学相融合形成"课堂生态系统"[①]；另外还有将生态学原理与人才培养的过程相结合分析人才培养质量[②]，将生态学与学校管理相融合、与教师发展相融合等[③]。我国教育学者范国睿1999年的著作《教育生态学》和贺祖斌2005年的著作《高等教育生态论》，分别对教育系统和高等教育系统进行了生态学分析。

学科生态系统就是将学科之间、学科与外部环境、学科与发展资源之间的关系放在一个统一系统当中进行分析，其发展过程遵循生态规律，在螺旋式发展过程中，从无到有、从弱到强、从孤立到统一。通过学科之间的互动和融合，形成更有生命力的学科体系。在这个过程中，学科之间的互动作用会产生类似于"生物链"和"生物群"的关系，在不断的复杂化繁衍过程中，形成网络化发展的格局。在这一理论体系下，学科的发展不仅会受社会、政治、经济、文化等外部因素的制约，还受学科种群内部以及不同学科种群之间错综复杂的非线性作用的影响。将行业特色型高校的区域、行业、特色学科、学科群等概念融入学科生态系统，其观测维度大大扩展，从更广泛的视角去分析学科发展规律。

学科生态理论认为，学科建设是通过学科系统来整合学科组织以及组织与环境之间的复杂关系，为知识生产、协同育人、服务国家奠

① 关文信．西方教育生态学理论对课堂教学监控的启示[J]．外国教育研究，2003（11）：1-4.

② 杨同毅．高等学校人才培养质量的生态学解析[D]．华中科技大学，2010.

③ 陈中，郭丽君．中国教育生态学研究述评[J]．成都大学学报（社会科学版），2016（03）：109-114.

定良好的组织基础[①]。学科作为一套系统有序的知识体系，在被完整的继承和传递之后表现为教学科目、学术分支、制度组织以及相关的人员、资源平台等方面的组合，在融合与交流中实现整体的动态平衡。从当前高校学科体系的发展趋势来看跨学科和交叉学科已经成为未来发展的主流，学科发展的综合化是主要的方向，传统的从资源要素角度对学科进行建设的路径已经不适用于当前的发展环境。学科建设过程中必须要将高校总体的发展战略和学科自身的结构特征、学科关联网络以及社会需求等方面的内容综合考虑。用生态学的视角将单一学术体系的完善逐渐转化为对整体学科系统结构的改良与重塑。学科的发展需要考虑学科之间的关系，需要形成组织群落，需要建构适当的学科体系，在学科生态视角下将学科之间的组织关系和互动模式进行规划。这个过程中需要将相邻或者相近的学科知识进行统整和协同，投入必要的资源和制度支撑，将学科之间协调和创生推上一个新的高度。对于学科之间关联并不特别紧密的学科而言，规划组建跨学科和交叉学科的发展方向，让不同学科之间进行良性的碰撞和融合产生新的研究领域和研究视角。

对于行业特色高校而言，最受关注的学科往往是优势学科，它以强大的学术竞争力成为整个学校的标志学科，具有绝对的资源吸附力和声誉附加值。因此在进行行业特色高校学科体系建设过程中必须要同时注重优势学科本身的学术竞争力以及优势学科与其他学科之间的互动关系。通过学科生态系统的视角构建良好的学科治理体系，协调系统内外的资源、环境关系，通过学科之间的互利共生关系规划长远的学科布局和建设方案。从生态学的视角研究学科发展问题，可以发

① 武建鑫．学科生态系统：核心主张、演化路径与制度保障——兼论世界一流学科的生成机理 [J]. 高校教育管理，2017，11（05）：22-29.

现许多从教育学、管理学角度研究学科发展无法观照的地方，例如学科发展的平衡与适应、开放与优化、多样与综合、交叉与渗透。任何一个学科都不是孤立存在的，而是存在于一个彼此之间具有链、环乃至网络相关联系的生态环境之中，学科与学科之间、新知识与旧知识之间的关系既相互影响，又相互调和，可以将这种现象称为知识生态现象。

（二）知识溢出理论

知识溢出理论主要是作为研究经济现象和规律而提出的，该理论将知识、技术与社会发展和经济增长联系起来，把知识作为提升经济的关键性变量来处理，并将高等教育与外部环境的方方面面都纳入统一的体系中进行分析。在学术体系内知识溢出（Knowledge Spillover）的概念一般被定义为：从事类似的事情并从其他的研究中得到更多的收益[①]。也有的学者将知识溢出定义为：做相似的工作并从彼此研究中受惠[②]，还有学者直接把这一概念概括为知识发展的“外部性”问题，在信息的交流和交换过程中，知识自动流入到信息接收方，并产生实际收益，这个过程中知识的生产者和传播者并没有得到直接的收益[③]，也就是说知识的扩散和价值实现是具有非计划性的特征，溢出过程具有社会性，它通过溢出主体与客体的交互作用得以实现。知识溢出可根据一定的标准分为不同的类别：例如显性溢出和隐性溢出、租金溢

① Stiglitz, J. E. A new view of technological change [J]. Economic Journal, 1969, 79: 116-131.

② Griliches Z. The Search for R&D Spillovers[J]. Scandinavian Journal of Economics, 1992, 94(1):29-47.

③ 孙兆刚，徐雨森，刘则渊 . 知识溢出效应及其经济学解释 [J]. 科学学与科学技术管理，2005（01）：87-89.

出和纯知识溢出、内部溢出和外部溢出等不同形式[①]，其基本的实现方式就是在知识应用、交流、扩散的过程中对周边环境产生无意识影响的过程。当今社会，任何掌握知识的个体都可以通过信息交流和沟通实现知识的扩散与传播，同事、同学、相互交流的陌生人都可以是知识溢出的受益人，社会实体和经济主体，也能够从知识溢出的作用中获取新的发展动力[②]。

在知识溢出过程中，溢出主体在进行溢出的时候不仅需要主客体之间的信息差，同样也需要溢出路径和媒介，最后溢出接受方也需要有一定的接收能力。总的来说就是，溢出效应的实现过程需要包含信息、渠道、能力等多重因素的影响。在信息差方面的影响上，一般来说当信息传播者和接受者之间存在弱相关关系的效果要好于强相关关系，这是因为存在着较大的信息差；知识传播的路径和媒介也是知识溢出效率的重要限制因素，在个体之间的交流过程中，口头交流、文字交流、媒体交流等方式都存在各自的优缺点，这与信息本身的特质相关。知识溢出发生在一定社会大环境下，知识溢出除了受社会网络[③]、政府和市场约束等宏观因素的影响外，还受知识差距、溢出方的控制意愿与控制能力、接受方的吸收能力和溢出方与接受方之间的距离（认知距离和地理距离）等因素的影响[④]。

在行业特色高校学科体系建设过程中，学科之间同样存在着相互影响和相互促进的作用，这种作用根本上是知识之间的互动，因此从

① 解涛．高校对农村知识溢出机理及溢出绩效研究 [D]. 江苏大学，2016.

② 宁军明．知识溢出的机理分析 [J]. 科技与经济，2008（03）：22–24.

③ 唐书林，肖振红，苑婧婷．网络嵌入、集聚模仿与大学衍生企业知识溢出——基于中国三大海洋工程装备制造业集群的实证研究 [J]. 科技进步与对策，2015，32（11）：131–136.

④ 宁军明．知识溢出的机理分析 [J]. 科技与经济，2008（03）：22–24.

知识溢出视角解读行业特色高校优势学科发展的溢出效应具有较强的切实性。首先，可以从信息差的角度分析优势学科与其他学科之间的关系进而揭示行业特色高校学科分布的一般规律；其次，从学科发展溢出渠道的视角分析影响学科发展溢出效应的因素和机制，确定如何调整治理方案优化学科生态系统；第三，分析学科发展溢出绩效与学科性质、发展水平之间的关系，从而能够更好地规划学科群建设方案，更好的发挥学科发展溢出效应的价值。

（三）梯度转移理论

梯度转移理论最早源自产品生命周期理论（product life cycle），将工业产品的不同阶段与产业转移相联系[①]。随后，这一理论被引入区域经济研究中，并形成梯度转移理论。该理论将某一个大区域经济划分为若干区域，按照发展水平排列为不同梯度，经济发展水平高的地区表征为高梯度地区，其他地区顺次排列，由于区域间经济发展水平的不均衡性，高梯度地区的经济会逐渐向低梯度地区转移资源和技术，从而带动整个区域的整体均衡发展[②]。梯度转移是一种有序的发展转移方式，逐渐将发展重心从高梯度区域向各级低梯度区域有序迁移。在这里，高梯度区域主要指兴旺地区，处于经济创新阶段且掌握先进经济技术，而低梯度区域则相对落后[③]。梯度转移理论基于对区域发展不平衡的认知，强调高梯度区域应通过产业和要素的有序转移，逐步带

① 胡振兴，马德水. 中国创业资本制度演化论 [M]. 北京：中国科学技术出版社，2016：66.

② 邓小河. 国际产业转移理论与典型范例 [M]. 北京：科学技术文献出版社，2004.20.

③ 郭文轩. 区域经济协调与竞争 [M]. 北京：红旗出版社，2003：25.

动低梯度区域的经济发展[①]。总体而言，梯度转移理论在承认了区域发展的不平衡基础上，强调通过高梯度区域的引导作用，使得低梯度区域能够逐步实现经济的均衡发展。

梯度转移理论的核心思想是，在一定的时空范围之内，按发展水平的梯度差异进行资源再分配。由于自身基础、区位差异、政策支持等多方面因素的影响，不同区域之间的发展水平必然存在相应的层级差异，高梯度地区具有比较充足的发展资源、良好的区位优势，可以更优先的提高自身的技术水平和生产能力，而低梯度地区由于种种内外部因素的影响和限制，技术落后，难以充分发挥自身要素的资源潜力，发展的速度无法赶上高梯度地区；由于不同梯度之间的经济发展差距逐渐拉大，产生的极化作用造成高梯度地区更容易获取资源，而落后地区的资源将继续向高梯度地区转移，二者之间的差距会逐渐增大。但是随着发展资源在高梯度地区的不断积累，自身的发展影响也同时会扩散到低梯度地区，由于这种顺次转移作用，低梯度地区的经济也会实现快速增长，由此形成了要素在空间上的集散规律。由于梯度转移的作用，不同梯度地区的发展会形成一种递推发展的状态，高梯度地区通过聚拢资源、提升产能、要素扩散的方式在提升自身发展水平的同时实现地区影响力的提升；低梯度地区则是要经历要素流失、发展受限、要素吸收、快速发展的过程。在整个梯度转移的过程中，外部的宏观调控和自身的市场机制同时发挥着作用，在遵循地区经济发展规律的同时，必须要形成相应的调控机制，充分利用溢出效应来调配市场资源，在一定时间内实现整体的均衡发展。

梯度转移理论主要是分析先进地区对落后地区影响的理论模型，

① 陈洪波．近郊县（市）融入都市圈的理论与实践研究——以宁波为例 [M]. 杭州：浙江大学出版社，2015：52.

而行业特色高校的学科体系建设与此有共同特征。首先，由于行业特色高校特殊的发展历程，在其创立之初主要是面向特定行业的有限领域，因此少数学科得到了更有效的扶持，随着院校的发展和改革，逐渐地形成了周边学科和外围学科。但是由于非优势学科自身资源不足以及缺少政策扶持，其科研实力和发展条件比较早期建立的学科较弱，处于学科发展的低梯度地区。随着优势学科自身的发展，其资源和影响力也同时让部分弱势学科收益，产生发展。学科之间的发展存在着的这种影响和带动作用恰好符合梯度转移理论的特征。其次，从学科体系的未来发展方向上来看，单一的学科很难适应未来社会的需求和学校之间的竞争，长此以往只会造成优势学科的发展停滞，本研究从梯度转移的视角进行切入，可以对于不同学科之间的互动情况进行分析，从学科生态体系的整体视角上探究如何充分利用优势学科的带动作用，在相应政策调控下实现学科体系的良性互动，这一思想也符合梯度转移理论对于资源聚集和扩散现象规律运用的初衷。第三，从本研究的目标设定来看，对于行业特色高校优势学科发展溢出效应外显特征和内在规律的分析都需要借助于特定现象作为参照，梯度转移理论主要是从不同经济区域之间的不平衡现象的情况，对于实现地区间均衡发展的规律和路径进行探讨，这种现象对于预测不同区域发展前景提供了强有力的分析工具。而对于行业特色高校的学科体系来说，学科未来的发展方向和趋势更需要判断，在没有足够的现实经验情况下，参照特定规律对学科发展的未来进行理论推演是必须的，也是必要的。因此，本研究借鉴梯度转移理论对学科生态的整体发展情况进行描述可以更清晰的判断优势学科在学科体系当中的意义和价值。

二、学科发展溢出效应的结构框架

工科院校是行业特色高校的主要类型，“新工科”建设是这类高校发展转型的典型渠道，也是发挥其溢出效应的重要方式。在下面的内容当中，我们将会以“新工科”为例，对行业特色高校优势学科发展溢出效应的结构框架和实践机制进行阐明。

（一）基于扎根理论的模型建构

定性研究可以对学科发展溢出现象进行全面探索，使用归纳法分析资料从而形成理论，并通过与研究现象的互动，获得对其行为和意义建构的解释性理解。扎根理论是一种科学的定性研究方法，能够从资料中提取核心概念，通过归纳概念之间的联系建立理论，从而揭示某种现象。近年来，扎根理论在高等教育学科的使用越来越广泛，能够帮助研究者构建理论模型、描述和解释新现象，已被证明是学科研究领域数据处理和分析的有效方法，对于学科体系建设的现实问题具有较强的解释力。本部分内容以“新工科”为例，探索学科发展溢出效应的关键要素与理论逻辑，解决“结构”和“机制”的问题。

研究的具体流程为：界定问题—文献探讨—资料分析—建立初步理论—理论饱和度检验—构建理论。从操作程序上来说，程序化扎根理论的编码过程分三步：开放式编码（open coding）、主轴式编码（axial coding）和选择性编码（selective coding）。

1. 资料搜集

考虑到学科知识溢出涉及制度设计、学科管理、课程建设等多个领域，各个高校学科建设的指导思想及建设理念不同，因此本研究以各个高校公布的政策文本和新闻报道为主要文本数据，关注行业特色高校新工科建设的影响力问题。为有效获取新工科建设的基本信息资料，我们选取了40所工科类行业特色高校，在其门户网站和新闻报道当中筛选关于新工科建设方面的信息，时间跨度为2018年到2023年。通过研究小组成员共同商议，根据研究目的，经过阅读摘要和概览全文，对初步检索到的文献进行筛选，剔除与学科发展溢出效应无关的文献，进入下一步编码流程，获取原始资料20余万字。

2. 编码体系

编码是搜集数据和生成理论之间的关键环节，通过对原始资料进行逐句和逐行编码，可以从中发现概念类属，对类属进行命名、整合以及确定类属的属性和维度，从而为下一步构建理论奠定基础。为确保编码的一致性，本研究由2位研究者组成编码小组，将原始文献导入质性辅助分析工具NVIVO11，两名研究者不带任何预设地、逐字逐句地分别对资料进行三级编码，编码完成后共同讨论相互印证彼此的观点，如果遇到无法达成一致意见的内容，则请教相关专家进一步进行讨论后再进行编码。

开放式编码属于一级编码，是对所收集资料进行初步的归纳概括，总结出初始概念和基本范畴。在本次研究中将资料进行逐句分析，提炼出核心概念并将这些核心概念归纳出基本范畴。并通过反复比较修改最终形成584个开放式编码和16个初始范畴。

表 4-1 开放式编码（部分示例）

初始范畴	开放式编码	原始语句
跨学科整合	强调跨学科，联合各领域科学家	数字教育技术中心，跨学科团队将调查数字化学系和教学工具的有效性，并开发新的应用，TUM 将数字教育技术作为新研究领域，该中心联合教育科学、计算机科学、管理、医学和其他学科科学家。
	提供跨学科学位	除了八所工程学院提供的学位外，佐治亚理工学院还提供几个跨学科的学位。这些学位项目由学院内（有时是学院外）的多个家庭学校提供。
	具备跨学研究中心	普渡大学的数字企业中心（DEC）是一个跨学科的研究中心，成立于普渡理工学院的计算机图形技术系。它位于普渡大学研究园区的印第安纳制造研究所。
	在跨学科的基础上进行合作	在 TUM 创新网络中，首席研究员（PIs）在跨学科的基础上紧密合作，探索新的研究领域，并在形成未来创新热点的临界质量方面取得早期进展。它们为我们的学校和部门之间的新联系铺平了道路。
教研创新	教学创新，开展试点项目	在媒体和教学法创新实验室，我们回顾和分析教学研究以及技术、政治和结构发展的新发现。我们尝试新技术和教学场景，并为大学教学开展创新试点项目。
政校企合作	高校与企业合作，协同发展，效果显著	新奥集团立足新型工业化发展根基，多元拓展产业布局，和北京大学长期合作、协同发展。双方既往的合作获得了显著的成效和良好的社会声誉，为开展更广泛、更深入的合作奠定了基础，为探索更高水平的校企合作模式打造了样板。

主轴式编码是二级编码，是对上一级编码形成的初始范畴进行进一步的总结概括，并找到基本范畴之间的关系，形成类属。研究者对开放式编码得到的 16 个基本范畴进一步提炼、整合和归类，梳理基本范畴之间的逻辑关系，最终得到“学科互动生成”“产学研一体化生成”“创新性实践”“成果转化”等 8 个主范畴（表 4-2）。

表 4-2　主轴式编码

主范畴	初始范畴	基本概念
学科互动生成	跨学科整合	学科之间进行互动，工科与人文、商科等多学科交叉并进行资源整合利用。
	教研创新	教学研究以创新为导向，以综合为理念，将研究内容指向未来需求。
产学研一体化生成	政校企合作	政府、高校、企业相互之间进行合作探究，促进产学研协同发展。
	产教研融合	产业、教学、研究之间形成一体化的主要形式和过程。
创新性实践	实践资源	保障创新性实践的实践资源，如：实践项目。
	实践要求	促使能够获得实践经验的要求，以确保人人参与。
	实践平台	为创新性实践提供良好实践平台。
成果转化	良好转化环境	具备良好转化环境，营造促进转化氛围。
	校企之间配合	研究成果与企业、行业等进行衔接配合，促进技术升级创新。
	转化资源平台	具备想法转化为具体实践的资源平台，如科技广场等。
人才培养	培养能力	培养创新型人才所具备的关键能力和核心素养。
	课程教学架构	人才培养以课程教学为依托，探求新工科人才培养的课程教学创新。
知识流转	流转方式	知识流转路径的多元化，线上与线下相结合，拓宽知识流转路径。
	流转保障	具备促进知识流转的资源，确保知识流转过程顺利进行。
产业影响力	产业拓展	促进技术升级、产业创新，推动科技发展。
	产业生态	校内外深层互动，学校、行业、企业、人才之间的协同，与产业需求紧密结合。
区域影响力	带动区域发展	带动产业地区或薄弱地区的发展。
	带动周边发展	带动产业和其他地区发展的主要措施。

通过反复比较，从主轴式编码生成的主范畴中进行归纳整合，提

炼出核心范畴，最终形成四个维度，知识创生、知识应用、知识流转、学科影响。通过梳理概念与概念、范畴与范畴之间的关系，可以发现四个维度之间相互关联，共同构成知识溢出的关键因素。知识溢出的发生主要是通过学科、产业的互动作用创造性的生成新的知识，再以知识应用和知识流转的方式产生学科影响。在这个过程中，知识创生是知识溢出的基本条件，知识应用和知识输出是知识溢出的主要渠道，产生的学科影响是知识溢出的最终结果（图 4-1）。

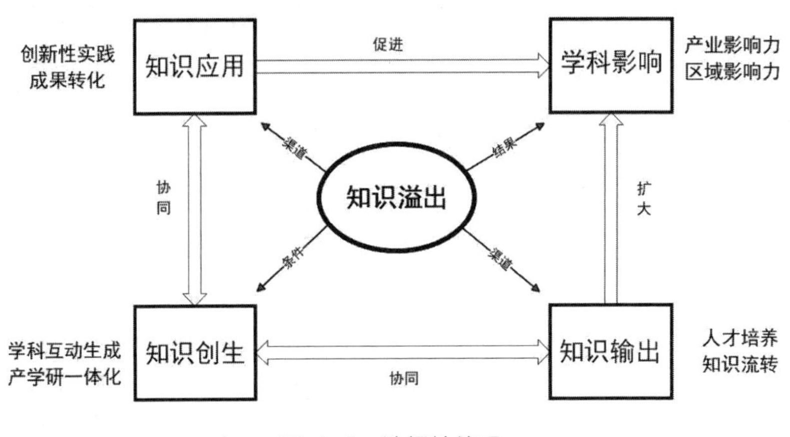

图 4-1　选择性编码

3. 理论饱和度检验

理论饱和概念是指在数据收集过程中已发展不出新的理解，继续获得的资料不能揭示新的属性，也不能获得对新生理论更深入的理解，即可以确定为理论饱和[①]。为确保模型的可靠性进行理论饱和度检验，将所预留的 5 所高校资料进行概括总结，未发现新的概念范畴，可以判断理论基本达到饱和状态，停止资料收集。

① 杨莉萍，亓立东，张博 . 质性研究中的资料饱和及其判定 [J]. 心理科学进展，2022，30（03）：511-521.

（二）溢出效应的结构体系

1. 知识创生

知识创生是指在一定的知识体系和背景下，通过对信息、经验、观察等多种方式的整合和创新，形成新的知识或理念的过程。这过程可能包括对已有知识的拓展、修正、整合，也可能涉及对新问题或领域的探索和发现。知识创生通常是通过个体或群体的思考、实践和合作完成的，其目标是为了更好地理解、解决问题，推动学科和社会的进步。知识创生是科学、技术、文化等领域不断发展的动力之一，促使人们不断拓展对世界的认知。通过总结分析，知识创生的内容分为内部学科互动生成和外部产学互动生成。

学科互动的本质是学科知识形态与学科组织形态的共生互动关系，学科组织以知识体系为基础，为知识传播、交流、创新及应用提供保障与支撑①。学科互动的动态融合过程旨在研究主体通过学科内部或学科间的联动创造性的开发跨学科知识，从而构成知识体系，最终推动建设交叉学科，跨学科及边缘学科。通过总结分析发现高校为促进学科互动采取了多种方式，如：联合各领域专业人员进行研究，打造高度跨学科的团队进行授课，从而构建有利于学科互动的学术氛围。这种动态交流，教学与研究双向促进过程为知识创生提供条件和保障。专注建设学校优势学科的精细化发展的同时，强调与多学科之间的联合互动，共同将当前研究指向未来需求和挑战，这是新工科知识体系生成的最终目的。

产学研一体是指企业、高校、科研院所投入各自优势资源和能力，

① 肖楠，杨连生．学科及其“两态”互动的本质[J]. 中国高教研究，2010（07）：45-48.

在政府、科技服务中介等主体的协同支持下，共同进行的技术开发协同创新活动[①]。新工科要求培养多元化创新型人才，促进工业科技发展，解决全球性挑战。实现这一目的需要企业、高校及科研院所各单位联合开展合作，共同开发创新，致力于给出解决方案。产学研合作一体化有利于培养学生理论联系实际能力，促进创新能力培养。依靠与企业、科研院所等单位合作，与学校师生共同开展课程和前沿研究，基础性竞争性研究。同时致力于教学创新，运用综合教学方法，培养学生实践能力，促使学生合作完成项目或给出问题解决方案。产学研一体化在于三方共同合作，相互促进提升资源能力。三方通过合作建立联系促进知识生成、创新，共同解决当前问题，给出解决方案。同时三方采取措施打造有利于知识创生的资源条件及环境，高校强调创建多学科环境下的师生交流和院系之间联合引导，与不同专业背景的学生合作，保证学生足够交流学习机会，通过团队合作完成综合跨学科项目，成效显著。企业及科研院所强调学科互动交流，采取研讨会、发展行业合作伙伴关系等方式加强各方联合。

2. 知识应用

知识应用是指将已有的知识、理论或技术应用到实际问题解决、创新活动或实践场景中的过程。这包括将科学理论用于解决实际挑战、将科学研究成果转化为实际产品或服务、在特定情境中应用技术和方法等。知识应用旨在将抽象的学科知识转化为实际可行的解决方案，以推动社会、经济和科技的发展。成功的知识应用通常需要深刻的理解、适应性的运用和与实际需求的有效结合。这一过程涵盖了从研究到实际应用的转变，体现了知识对解决实际问题和推动创新的实际

① 张力．产学研协同创新的战略意义和政策走向[J]. 教育研究，2011，32（07）：18-21.

影响。通过总结分析，知识应用包括创新实践、成果转化两类范畴。

创新性实践是在实践过程中以创新为导向，提升创新意识，是知识应用的重要环节，也是培养新工科人才创新能力的必要举措。学校专注培养、支持和赋能创新型科技企业家，鼓励发明，用竞赛、创办公司、建立创新基金项目等方式激励创新并磨炼技能。首先在学校层面，培养方案会明确指出各种实践要求，是学生能够有知识应用机会的保障，提高理论转化为实践的能力。学校为创新性实践提供各种所需要的资源和条件，如：实习项目和暑期培训计划等，保障着学生实践顺利进行。创客空间、科技孵化中心等创新实践平台为学生创新实践提供支撑。其次为学生创新实践提供指导，学生能够获得与企业合作的机会，与企业专业人员交流，促使学生在创新实践中提升能力。学校注重产学研无缝对接，重视理论与实践的结合，促进学生校内学习与校外实习一体化，提升实践创新能力。

成果转化旨在将理论研究、基础研究成果转化为技术创新解决问题，推动领域发展，并将成果推向市场，促进技术商业化，最终扩大产业影响。首先，学校强调利于成果转化的氛围，无论是基于公司还是项目，学校支持学生想法转化，提供多种多样的机会支持创意，并提供资金构建想法的功能原型。其次在转化过程中，学校识别、开发、商业化学术发现，通过学术界、产业界和投资者之间合作获得资金支持，并通过国际合作最大限度发挥研究成果的潜力，扩大研究影响。在保障转化方面，学校为学生提供专业指导及商业化介绍，帮助学生将研究成果或想法转化为产品或服务，促进学生成果转化能力和商业思维力。同时创建一系列创新平台支持研究成果创新转化，如：科技广场、企业创新学院、技术发展中心等。

3. 创新型知识输出

创新型知识输出是指通过独创性的研究、发现或创新活动，产生并向社会传递新颖、前沿的知识和思想。这种类型的知识输出强调对原有知识的突破和创新，涉及在学术、科技或其他领域中推动思想、方法、产品或服务的更新和进步。创新型知识输出通常具有领先性、前瞻性和对社会发展产生积极影响的特征。这种输出形式包括学术论文、专利、技术报告、新产品、服务或解决方案等，旨在为社会创造价值，推动科技进步和社会变革。可以概括为创新人才培养和知识流转两类范畴。

新工科创新人才培养旨在通过协同创新、交叉融合等多种途径，培养具有创新力、思维力的多元化人才，具备多元能力是新工科人才的主要特征之一。其最终目的在于培养创新型工程师，促进全球化发展和应对当下国际挑战。学校作为新工科知识流转主体和培养人才的主要场所，应具备国际视野，建设国际化项目，将校内课程与国际课程接轨。首先，要为人才培养提供充分的资源，确保学生在项目中获得资源，这是知识流转的前提和保障。多元人才培养作为知识流转途径之一，所学课程也结合现代工程的综合理念，注重与商业企业、人文精神和社会科学的紧密结合，构建多元课程的组织架构。在培养研究能力方面，学术环境不拘泥于形式，强调学生研究经历和研究深度。课程教学是人才培养的关键一环，也是知识流转的重要方式，通过采取高层企业行政管理者与教职工的合作授课的方式，关注学生的学习反馈建议，培养学生的设计思维和实践技能。课程教学注重多学科联合培养，协同创新，建立跨学科的合作伙伴关系，与各学科建立联系，提升学生跨学科能力。教学过程强调师生互动交流和良好的学习氛围。学生作为流转客体，为使学生能够应对未来职业所面临的各种问题，强调学习的广度与深度，在通过选修课或特色课程全面了解专业知识的基础上，学习核心课程和特定学科，提升项目设计及研究能力。

将促进知识流转的资源进行整合，最大限度发挥知识流转的通畅度和广泛性，流转途径划分为线上和线下。线上知识流转主要通过为在职人士提供教育帮助，使在职人士获得新技能或提高现有技能，促进职业生涯发展。在线教育平台、线上讲座、职业网络研讨会等形式，扩大了知识流转的规模，使在线或非全日制学生能够获得职业服务培训的机会。师资资源和企业资源等线下资源促进了知识流转。校企进行良好的配合是线下知识流转的主要方式，提供给学生职业早期培训和专业指导，获得实践经验并使学生清楚了解未来职业所必须掌握的职业技能和提前进行职业规划。其次是学校资源的有效利用，如跨学科合作、讲座讨论和项目联合，打破专业壁垒，使知识流转畅通无阻。

4. 学科影响

学科影响指的是某一学科在学术界或相关领域内产生的影响力和认可程度。一个学科的影响力通常表现为其研究成果、学术论文、专业知识的传播和应用，以及在学术和实际领域中对其他学科、行业或社会的影响，可以概括为产业影响力和区域影响力。

学科影响力扩大是提高产业影响力的重要因素，促进产业发展升级，提高该产业领域对经济发展的影响。为提高产业影响力，高校通过校际合作、行业合作等多种合作模式，将学校研究成果、专业知识外包成咨询和项目服务业务。建设创新多学科平台，面向未来科技与产业升级创新，促进专利转化，促使研究成果商业化，从而影响产业发展。如：厦门大学“嘉庚一号”火箭发射成果迈出我国可重复使用火箭技术发展的重要一步。

学科影响的另一方面是区域影响力，即学科发展能够带动产业地区或薄弱地区发展。学校将提供机会为发展中国家所面临的经济，环境，健康等方面的挑战提供创新的解决方案，扩大影响力。也通过课程、项目研究、工作坊等形式，加强学科建设，使学校有机会进行国际交流和与世界知名高校展开合作，学习最新科学技术，推动自身建设，如：剑桥大学与麻省理工学院为期一学年的交换项目，促使能够学习到顶尖科学技术；为提高偏远薄弱地区科技产业建设，开展国家地方计划，打造多样化的科学工程社区。

（三）知识溢出路径

1. 协同互动是推进知识创生的基本保障

促进知识创新型生成可以从学科内部和校企联合两个方面来看，一方面促进学科之间交流互动，另一方面积极与企业、行业合作开展研究。

首先，保障促进创新型知识生成的资源及环境。知识创生需要良好的学科教学环境，打破学科壁垒，组建跨学科的师资队伍是促进知识创生的前提条件。新工科知识生成强调跨学科和超学科的知识生产模式，知识融合和交叉共享是新工科的主要特征，因此知识创生需要进行学科资源整合，注重与不同学科专业背景的人合作，打造多学科背景的师资队伍，促进知识研究、融合、交叉和创新。建立多机构研究中心给予跨学科团队研究平台和交流中心，并联合多学科进行合作，培养新工科人才的学科交叉能力。其次，知识创生除学科内部知识交叉生成外，应当注重产学研一体化的知识实践生成。关注学校与企业、研究院所、行业之间的密切合作，进行基础性、竞争性、前沿性的创新型研究也是知识更新的主要渠道。合作导向的知识创生更能够体现出资源整合，将各方利益相关者的优势资源进行整合，在实践研究中促进知识更新。多方主体的参与也会影响新工科的发展进程，包括教师、企业专业人员、研究人员等多方的共同参与，保障多方主体对知识更新、生成的客观性、真实性和验证性，因此提高知识生成与知识应用之间的适切性和循环流畅性。最后，注重学科内部知识互动生成与校企合作生成的多元融合。学科内部知识更新是研究人员研究下知识发展的自然结果，校企合作生成经历了实践和验证，注重学科互动、教学研究、校企联合的多元融合和协同作用，是使知识创生发挥最大潜力的主要因素。

2. 实践导向是促进知识应用的必要条件

知识溢出是知识创生—知识应用、知识流转－学科影响三个维度之间的相互融合、有序联动，实现知识溢出的良性循环，不断扩大学科影响。知识应用是验证知识，扩散知识的中间过程，应当从创新型实践和成果转化两方面入手。

一方面强调创新型实践，提升理论联系实际的能力。明确实践要求，促使学生真正参与项目设计和获得实习经历，鼓励学生并提供资源进行创新创业。积极与企业合作，提供实习职位和锻炼机会，让学生有机会了解项目开发、设计、研究、实施的全过程，并获得企业专业人员的指导。另一方面重视成果转化，无论是专业人员还是学生，都能够获得想法支持和评估机会，学校创建有利于转化的环境，鼓励人员创新应用和合作转化，并建设有利于成果转化与实践创新的实验室和研究所，从而开发创新，促进想法落地。同时注重使研究成果能够在企业得到应用，技术商业化并取得行业社会利益，扩大产业影响。改善知识应用实践过程中出现的研究方向偏离专业领域，创新乏力等问题，因此要把握好知识应用创新环节，提升成果转化的能力，用优质实践资源和成果转化平台，引导知识应用与知识流转的相互协调。

3. 多元知识流转是知识输出的重要渠道

知识流转是知识生成与学科影响的重要枢纽和关键环节，流转效果直接影响学科与产业，一方面是改善人才培养的传统固有方式，强调培养模式多样，另一方面是对促进知识流转的资源进行整合，扬长避短。

新工科对人才培养提出新的要求，传统工科人才培养不适用于培养新工科所要求的学科交叉能力、创新能力、沟通能力、实践能力等各种关键能力，此外新工科人才具备的关键能力及核心素养需要工程科学、社会科学等多个学科的共同学习，所以高度跨学科的团队是培养新工科创新型人才，促进知识流转的基础。其次，课程教学需要考虑现实应用性和学生未来职业生涯中应对的困难与挑战，要求课程教学要有一定的前瞻性和灵活性，结合实际促进课程教学的创新、进化。在教学上强调良好的教学环境和资源保障，确保学生师生交流、生生交流并重视反馈建议。要有多元化的课程选择，促使学生能够和不同学科背景的人合作研究，扩大学科视野并提升团队协作能力。最后，知识流转发生是知识自我更新和人为促使相互作用的结果，为发挥知识流转的最大潜力，这需要资源保障流转过程的通畅性。在流转过程中高校、企业、行业要做到扬长避短，充分发挥优势资源的潜力，例如利用在线网络技术、由大型企业或优势学科高校发起的研讨会或学术会议等，可以避免知识流转过程中发生的交流阻碍，还可以扩大流转的广度和范围，提高知识影响力。另外也需要做好反馈和修改，知识流转本来就是通过不同角色之间的交流互动形成不断进化的动态过程，在这过程中不断升级更新，更大限度的提高学科影响力。而利用现代网络技术及高校企业的优势资源，更能提高流转的效率。

第五章
行业特色高校优势学科发展溢出的生态演化逻辑

从生态学的视角看，高校学科之间存在着特定的联系，每一个学科都无法孤立存在，一个学科产生变化，其他的学科必然会受到波及，从而引起整体学科体系的变化。从学科发展的谱系角度来看，学科之间存在着由上至下的树型结构，例如当前我国共有 14 个学科门类，每个学科门类当中或多或少的包含着若干一级学科，每个一级学科包含多个二级学科，这种层次上的差异体现了知识分化逻辑，是学科生态演化的必然。学科生态系统是否完备往往就取决于学科之间关系的协调性，优势学科能否利用自身优势实现整体带动是学科生态体系完善的关键问题。这种学科发展溢出的生态演化逻辑主要通过知识发展的内在逻辑、社会需要的外部逻辑以及学科管理的联动逻辑来实现。

一、知识生产的内生逻辑

学科是专业化知识体系逐渐走向成熟的结果[①]，知识在不断创新和演化的过程中形成了不同的学科。公元前3世纪，欧几里得使几何学从哲学中分离；17世纪时，伽利略、开普勒和牛顿所引发的科学革命使物理学与形而上学分离；19世纪中叶，达尔文《物种起源》使生物学从哲学和神学中分离；19世纪末到20世纪初，心理学从哲学中独立；20世纪末，与哲学相拥千余年历史的逻辑学逐渐地形成了今日日趋成熟的计算机科学。纵观整个学科发展历程，学科是在一定历史时期以一定的措辞建构起来的规范化的知识形式[②]，具有方便人们研究和解决实际问题的权宜性，知识分类是学科形成的关键。即使是当前被广泛认定的自然科学、社会科学、人文科学三个学科体系之间同样存在着密切关联，而并不是严格独立的三个系统[③]。

由于当前的知识生产系统正在发生着深刻的变化，单一学科对于现实场景中复杂问题解决越来越无能为力，需要通过多领域知识的综合实践[④]。高校作为知识供给的重要主体之一，必须要提前适应这一现实需求，开展学科交叉和跨学科合作已经成为当下必须要完成的任务[⑤]。事实上，这样一种学科延伸与交叉的趋势在更早的时期已经有

① 田贤鹏．论学科内生发展逻辑：从知识生产演化到学科制度生成[J].研究生教育研究，2020（03）：60-65，86.

② 万力维．学科：原指、延指、隐指[J].现代大学教育，2005（02）：16-19.

③ 李醒民．知识的三大部类：自然科学、社会科学和人文学科[J].学术界，2012（8）：5-33，286.

④ [英]迈克尔·吉本斯，[英]卡米耶·利摩日，[英]黑尔佳·诺沃茨曼，等．知识生产的新模式：当代社会科学与研究的动力学[M].陈洪捷，沈文钦，等译．北京：北京大学出版社，2011：6.

⑤ 蒋逸民．新的知识生产模式及其对我国高等教育改革的启示[J].外国教育研究，2009，36（6）：73-78.

所显现，如智能手机的出现是科技与人文相互交叉的结果；人工智能的产生是将生命科学与机械的融合；复杂科学的发展是多学科领域不断融合后的成果，科研创新日益从学科领域内部转向学科交叉的边界领域。2020 年，全国研究生教育会议决定，新增交叉学科作为我国第十四个学科门类[①]，并将国家安全学和集成电路科学与工程设为其下一级学科，以跨学科方式重新构建知识间的联系，成为既有知识分类体系下的新要求。

我国行业特色高校发端于 50 年代的院系调整。为了更好地满足新中国对人才的集中需求，将原有的综合性高校进行拆分，形成了专业设置专门化、单一化的专门院校，这些专门学院在几十年的发展中逐渐形成了具有相应学科特色的行业类高校，在进行多次改革之后，虽然这些高校的学科数量在不断增加，但是行业特色都保留下来。从我国行业特色高校的发展现状来看，与相关行业对应的学科由于经历了长期的积累和大量资源投入，在学校当中的地位处于绝对的主导，其余学科大部分是由优势学科分化而成的体系。由于传统的行业特色高校学科之间存在着较强的内容亲缘性，学科间在研究领域的重叠、研究对象的交叉，形成了知识层面相互补充、相互渗透、相互借鉴的关系，优势学科以其绝对优势的发展体量带动着其他学科的发展。这个过程都是遵循着学科知识发展的逻辑，是一个围绕某一个知识领域不断分化衍生的过程。

① 交叉学科将成为研究生第 14 个学科门类 [EB/OL].（2020-08-05）[2021-04-25]. http：// kaoyan.eol.cn/nnews/202008/t20200805_1750188.shtml.

（一）多维性的内生逻辑

多维性的内生逻辑在深度研究学科结构时重点体现学科之间的关联和相互影响。这一内在关联的多层次表现在不同的结构模式、门类结构和学科群层面上，展示了高校学科结构的多元性和复杂性。

从结构模式的角度看，高校学科结构呈现出多元、多样的特征。学科门类齐全模式、多学科群体模式、传统专业与新学科相结合模式等各种不同的结构模式，构成了学科内部的多层次和多元化组织。这样的结构多样性既使得学科之间存在着共性的联系，又呈现出独有的特征，形成了一个相互关联、互为支撑的高校学科网络。这种多元结构为不同学科提供了合作和协同发展的平台，促进了跨学科研究和创新。

从门类结构的角度看，高校学科体系涵盖了基础学科、技术学科和应用学科这三类结构。这三类学科之间存在相互渗透、相互依存的关系，形成了一种层次分明、互为补充的结构模式。基础学科提供理论支持，技术学科在应用中发挥关键作用，而应用学科则通过实践不断反馈影响基础和技术学科的发展方向。这种门类结构的多维性使得知识的产生、传播和应用更加全面和系统，推动了学科体系的整体协同发展。

从学科群落的角度看，主体学科、基础学科、通用学科和相关学科构成了有机整体。以突破关键技术为核心的学科群是学科结构内部不同学科相互协同、相互联系的有机组合。学科群的多维性特征体现了学科之间的内在联系和互动关系，有助于促进知识在不同领域的综合发展。学科群的形成不仅加强了学科之间的交流与合作，也为涌现新的研究领域和解决实际问题提供了有力支持。

综合而言，多维性的内生逻辑强调了对高校学科结构的多方面、多层次研究，使我们更好地理解学科之间的相互关系和内在联系。这种关联性不仅促使特定学科深度发展，还推动了多学科之间的合作与协同，为知识生产提供了更加全面和丰富的基础。

（二）层次性的内生逻辑

层次性的内生逻辑在高校学科结构中体现为不同学科之间的分工与合作，形成相对清晰的关系，推动了学科体系的有序发展。

这种层次性的学科组织结构在多个方面体现了其内在的逻辑和优势。首先，在学科的组织结构上，层次性为高校提供了一种有序的管理框架。通过一级学科、二级学科的分明划分，不仅为学科的教学和研究提供了清晰的方向，也使得学科管理更加高效。各个学科在不同层次上都能够明确自身的使命和目标，有利于资源的合理分配与管理。其次，层次性的学科结构有助于培养学科专业人才。一级学科通常涵盖较为广泛的领域，为学生提供了全面了解学科体系的机会。而在进入二级学科阶段，学生则更专注于研究领域内的深度学习，培养出具备专业深度和广泛知识的专业人才。这样的培养模式既保证了学生获得全面知识，又能够在特定领域取得更深层次的专业素养。此外，层次性的学科结构为学科之间的合作与交流提供了便捷的平台。不同层次的学科之间通过明确的组织结构，更容易建立协作关系。一级学科可能通过横向合作形成更广泛的研究网络，而二级学科则在纵向上实现更专业的深度合作。这种层次性的关系使得学科之间的知识交流更加流畅，有助于推动学科的前沿研究和创新。最后，层次性的学科结构还有助于构建更加综合、跨学科的知识体系。不同层次的学科之间存在的交叉与渗透，为各学科提供了丰富的资源和视角。这种综合性的知识体系不仅促进了知识的整合，也为解决跨学科问题提供了更全面的解决方案。这样的知识体系在应对当今社会复杂性和多样性的挑战时具有更强的适应性和创造性。

层次性的内生逻辑使得高校学科结构呈现出一种有序、分工明确的组织形式。这种组织形式有助于不同学科在整个学科体系中协同发展，促进了知识的系统化和全面性。

（三）动态性的内生逻辑

动态性的内生逻辑在高校学科结构中体现为学科地位的不断变化，随着社会、科技和经济的发展而动态调整。这一内生逻辑表明学科体系与社会发展密切相连，受到多种因素的影响，需要不断适应新的社会需求。

动态性在学科地位的变迁上具有深远的影响。随着社会和科技的迅速发展，不同学科的地位随之发生变化，呈现出相对灵活的特征。这种变迁可以在不同时期观察到，某些学科可能在特定时刻成为热门领域，受到广泛关注和资源投入，而在其他时期则可能相对较为冷门。学科地位的这种动态性体现了学科体系的适应性，需要根据时代的需求灵活调整。在学科地位的变迁中，动态性不仅仅是一种表面上的现象，更是学科体系内部的根本特征。不同学科的发展进程中，它们之间的相互关系可能会发生变化。某一学科的进展可能会对其他学科产生深刻的影响，引发交叉研究的兴起。这种相互影响的动态性使得学科体系更加开放和多元。学科之间的交流与合作不仅有助于促进知识的综合发展，也为跨学科研究提供了更为广阔的空间。这样的动态性促使学科体系保持活力，不断吸纳新的思想和方法，推动学科发展的前沿。

综合而言，动态性的内生逻辑使得高校学科结构具有灵活性和适应性。它不仅反映了学科地位的相对变化，还促使学科体系关注新的研究方向，以满足社会的不断变化的需求。这种内生逻辑使得学科结构能够与时俱进，为社会发展提供更为有力的知识支持。

二、需求导向的外烁逻辑

行业特色高校学科与行业需求紧密结合是学科发展的重要前提，优势学科格外受到青睐。随着知识经济时代的到来，以知识创造与传播为中心的高校成为社会发展的轴心。社会需求不仅决定着行业特色高校的知识生产方式，而且决定着知识产品的具体内容。面对复杂的现实问题，高校需面向社会发展需求进行知识生产，构建多学科的体系以应对复杂而多变的社会需求，实现学科生态的完善。优势学科也是行业特色高校与行业联系最为紧密的组织，代表了学校的核心竞争力，通过优势学科引领下的众多学科相互协调，学校在人才服务、技术升级、产业集聚等方面发挥作用，而溢出效应则是其实现以上功能的根本途径。这种紧密结合和相互协调使得行业特色高校能够更有效地满足社会需求，推动学科和产业的共同发展。

（一）政策导向逻辑

政策导向逻辑是通过制定和实施相关政策来引导和促进行业特色高校优势学科发展的溢出效应，以实现知识的广泛传播和应用。这一逻辑基于对学科结构的认知，通过具体政策措施来引导高校学科优势向外部产生积极的影响，以适应社会需求和促进科技创新。

政策导向逻辑对行业特色高校的学科发展溢出效应产生深远的影响。首先，它推动了高校优势学科在社会中更广泛地发挥作用，使得这些学科的研究成果能够更直接地服务于社会需求。通过政策引导，高校优势学科能够更有针对性地解决社会问题，为产业和社会提供更加实际的解决方案。其次，政策导向逻辑促使高校更加注重实际问题的解决，使得学科研究更贴近产业和社会，实现知识的产学研一体化。政府通过明确的政策制定和有力的执行，鼓励高校将研究成果转化为实际应用，推动行业技术进步和创新。这种政策导向的实施使得高校学科研究能够更加贴近产业需求，提高了学科的社会影响力。

政策导向逻辑的影响关键在于政策的明确制定和有力执行。政府可以通过资金支持政策向行业特色高校提供更多研究资金，激发科学家从事前沿研究的积极性。政策还可以通过鼓励学科间的协同创新，打破学科壁垒，促进跨学科研究，形成更有活力的知识生态系统。科技政策也可引导高校将研究成果向产业转化，推动行业技术进步和创新。这些政策导向的举措将直接影响高校学科发展的溢出效应，使得学科的影响力更为显著。

综合而言，政策导向逻辑在行业特色高校优势学科发展的溢出影响中发挥着关键作用。通过政策的引导和支持，它有效促进学科的发展和知识的广泛传播，为社会和产业创新提供了坚实的支撑，不仅推动了学科的内在发展，还在外部产生了积极的溢出效应，推动了学科在社会中的深远影响。

（二）经济推进逻辑

经济推进逻辑指的是通过行业特色高校优势学科发展的溢出效应，促进经济发展的一种逻辑关系。这一逻辑基于学科研究成果对产业和经济的积极影响，通过学科的优势向外部释放，推动整个经济体系更为健康、创新和可持续地发展。

经济推进逻辑对行业特色高校的学科发展溢出效应产生深远的经济影响。高校学科发展的溢出效应可以为相关产业提供先进的技术和研究成果，推动产业技术水平的提升，提高产业竞争力。学科发展溢出可以促使高校与企业建立更加紧密的合作关系，推动科研成果的产业化，形成创新驱动的经济增长。优势学科发展的溢出对人才培养也有积极作用，培养更多具备创新能力的高素质人才，为经济的可持续发展提供有力支撑。

经济推进的产生关键在于学科的优势如何转化为经济动力。高校通过积极参与产业研究项目，将学科研究成果直接应用于产业生产，促进产业的技术创新和效益提升。高校与企业的紧密合作是经济推进的重要载体，通过产学研合作模式，将学科的优势有机融入产业链，形成产业生态系统。政府在科技创新和产业升级方面的政策支持也是促进经济推进的关键，通过制定相关政策，鼓励高校与企业间的合作，推动学科研究成果更好地服务于经济发展。

综合而言，经济推进逻辑在行业特色高校优势学科发展的溢出影响中发挥着关键作用。通过将学科优势有效转化为经济动力，促进产学研合作，以及政策支持等手段，可以使得高校学科发展的溢出效应更为深入地推动整个经济体系的创新和发展。

（三）文化整合逻辑

文化整合逻辑指的是通过行业特色高校优势学科发展的溢出效应，促使不同文化背景的参与者在知识交流和合作中形成共同的文化认同，从而实现文化资源的整合和共享。这一逻辑基于学科发展溢出在促进跨文化合作、共建共享文化价值中的积极作用，推动整个社会文化的整合与发展。

文化整合对于行业特色高校的学科发展溢出效应带来深刻的影响。不同领域的专业人才、研究者和企业家之间可以进行更为深入的交流，促使不同文化之间的理念和价值观在知识共享中趋于一致。文化整合可以打破传统的学科界限，促使不同学科背景的人才共同参与到文化整合的过程中，形成更为开放和包容的学科文化共同体。文化整合使得行业特色高校在学科发展溢出中不仅传递专业知识，更在文化层面上推动社会的价值观念创新和发展。

文化整合的产生关键在于学科互动过程如何引导文化认同的形成。高校可以通过跨学科的研究项目和合作活动，使不同文化背景的团队成员在共同解决问题的过程中形成一致的目标和信仰。高校可通过开展文化交流活动，促进不同领域专业人才之间的深度互动，打破文化壁垒，形成更为统一的文化认同。高校在培养学科领域的专业人才时，注重培养其文化意识和文化背景的多元性，使得在学科发展溢出中形成更为广泛和共识的文化整合。

综合而言，文化整合在行业特色高校优势学科发展的溢出影响中具有重要作用。通过促进文化认同的形成，打破学科和文化的界限，可以实现不同文化资源的整合和共享，推动社会文化的创新与发展。

三、学科治理的耦合逻辑

从学科发展规律上看，学科的发展都是内外部因素不断耦合的过程，能否实现良性发展的关键在于是否构建了良好的秩序，实现整体的和谐。在当前社会结构日趋复杂化的同时，知识体系相应的也出现了多维融合的趋势，学科治理机制的耦合作用开始凸显。通过实施计划、组织、领导、协调、控制等职能来协调有关学科的活动，实现资源的有效分配。长期以来我国实行的整体调控对于学科的发展起到了关键性的影响，例如专门设立了统一的学科目录、统一进行5年一次的学科评估活动等等都是学科生态变革的主要驱力。从学科建设角度来看，学科知识体系与三个职能之间存在着密切的联系，通过系统的组织和优化实现学科资源的开发与增值，通过健全的学科组织系统将分散的学科要素进行制度化安排，提高资源的使用效率和学科的发展动能。怎样保证行业特色高校学科发展溢出效应行业价值的最大化，需要具备什么样的资源条件，形成什么样的调控体系，是保证行业特色高校发挥其价值的重要前提。因此本研究通过深入分析优势学科发展对行业的溢出效应，对这一过程的作用方式、影响因素和作用效果进行深度解读，是提升行业特色高校自身服务社会能力的必要条件。

学科治理本身就是对学科的外部功能和内部结构的调控，通过对学科组织结构的调整、关联机制的转化将学科体系进行有序整合，将知识生产、知识传递、知识应用等外部功能与人才、经费、资源平台等资源进行合理规划推动学科走向联合。例如我国高校的发展过程就是从系到学院再到学部的改革过程，其主要治理逻辑就是通过将学科体系的结构和功能进行耦合，实现最佳的发展状态，这一思想对我国行业特色高校的发展产生了重大影响。在我国行业特色高校建设历程中，从单科学院到多科大学，在不断的分化—合并—整合的过程中实现发展。这个过程中优势学科始终处在核心的位置，只有充分利用了优势学科的作用，在发展过程中将自身的学术体系、人才、资源合理调配最终才实现了高校的整体发展。而对优势学科进行有效利用的关键问题就是能够充分实现了优势学科自身发展的溢出效应。

（一）学科治理的内外协同

内外协同是指学科治理机制在学科内部与外部之间形成的相互关联与作用机制。在学科内部，组织结构、资源配置等方面与学科外部的政策导向、经济环境、文化因素等产生相互作用和影响，形成了一种内外耦合的机制，通过调整学科内外的关系实现整体协同发展。这种协同机制对于行业特色高校优势学科发展溢出效应有着多方面的影响。

内外协同机制通过整合学科内外资源，提高了学科的内外联动效率。学科内部的研究、教学等资源与外部政策、社会需求等资源相互衔接，实现了资源的共享和优化配置，从而推动学科在内外协同中更为高效地运作。这不仅有助于提升学科的综合实力，还能促进学科的创新和发展。协同机制促使学科在外部政策和内部需求之间取得平衡，确保学科发展方向与社会需求相契合。这种协同助力学科更灵活地调整自身结构和方向，使其更好地适应外部环境的变化，同时满足内部的学科发展需求。内外协同机制通过有机整合学科内外要素，使得学科在外部的政策引导下更好地服务社会需求，同时能够在内部保持学科的稳健发展。

内外协同机制有助于形成学科治理的系统性，提高学科的适应性和应变能力，推动学科走向更加健康、可持续的发展轨道。通过内外协同，学科治理不再是孤立的内部问题，而是更全面地考虑了外部因素的影响。这使得学科能够更具有整体性和系统性，不仅适应了外部环境的多变，还促使学科自身更好地融入社会发展的大局，提升了其社会责任感和影响力。

（二）学科组织结构的整合

学科组织结构的整合是指在行业特色高校内部，对学科结构进行有序调整和协同安排的过程。这一过程涉及学科间的协同合作、资源的优化配置，以及整体组织体系的调整，旨在实现整体学科体系的协调发展。这种整合不仅有助于充分发挥学科的优势，还推动发展溢出效应的最大化。

行业特色高校学科组织结构的整合是优势学科发展溢出效应中不可或缺的环节。通过有序的学科组织结构整合，学校能够更好地发挥学科的协同效应，提高整体创新水平，从而实现学科的健康发展和为社会提供更多价值。这种整合需要学校在发展战略上保持前瞻性，充分发挥学科的优势，实现内外耦合机制的有机衔接。首先，学科组织结构的整合通过促进学科间的协同合作，实现了优势学科之间的深度融合。通过搭建跨学科研究平台、推动共同科研项目，不同学科可以共享资源、交流思想，形成有机的合作网络。这有助于弥补学科之间的差异，促进学科之间的相互渗透，从而提升整个学科体系的创新力和综合实力。其次，整合还包括资源的优化配置，通过对资源的灵活调配和合理利用，实现学科组织结构的高效运行。这涉及财政经费的合理分配、实验室设备的共享利用等方面。通过确保资源的充分利用，各学科可以更好地满足不同领域的需求，提高学科整体的竞争力，为学科发展溢出效应创造更为有利的条件。此外，学科组织结构的整合也需要对整体组织体系进行调整，以适应学科发展的新需求。这可能涉及学科的部门设置、责权分工、行政管理等方面的调整。通过建立灵活、高效的组织结构，学科组织可以更好地应对外部变化，提高决策效率，为学科的创新和发展创造有利条件。

综合而言，学科组织结构的整合是为了实现学科体系的整体协调发展，使得学科在协同合作、资源优化配置和组织体系调整等方面能够更好地发挥其优势。这种整合不仅有助于提高学科的综合实力，还能推动溢出效应的最大化，使学科在更广泛的范围内产生更为显著的影响。

（三）学科发展溢出效应与整体发展

整体发展指的是行业特色高校在优势学科的基础上，通过促使这些学科之间形成协同效应，最终实现整个高校学科体系的全面提升。这一概念强调学科间相互关联、相互促进，以达到整体发展的目标。整体发展不仅仅关注单一学科的独立进步，更强调学科间的协同合作和相互渗透。

整体发展需要高校在实践中充分认识其重要性，通过合理的策略和结构调整。首先，整体发展注重学科间的协同合作。学科之间的协同合作可以通过共同科研项目、联合实验室和跨学科研究中心等途径实现。这种协同合作能够整合各学科的优势资源，促进知识的交叉传播，为各学科的发展提供新的视角和思路。通过共同攻克跨学科难题，学科之间的协同合作有望产生更为深远的科研成果，从而实现整体发展的目标。其次，整体发展关注学科间的相互渗透。这涉及不同学科之间的知识交流、人才共享和课程互通。通过设立跨学科的综合性课程、鼓励学科交叉师资团队的形成，不同学科的知识可以在交汇的领域中相互渗透，形成新的学科交叉点。这样的相互渗透不仅能够拓宽学科的研究领域，也能够培养出更具综合素养的人才，为整体高校的发展注入新的活力。另外，整体发展强调学科之间的共生关系。高校的各学科既是独立存在的群体，又是相互关联的有机整体。共生关系体现在学科之间的互补与促进，一个学科的进步可以为其他学科提供有益启示，形成良性循环。这样的共生关系有助于高校形成协同创新的文化氛围，推动整体发展不断迈上新的台阶。

第六章 行业特色高校优势学科发展溢出的梯度转移机制

优势学科发展溢出的本质是优势学科通过知识创新、转化、联动的方式实现整体性的带动作用，这个过程其他学科按照关系远近差别产生了梯度性的转移现象。总体来看，学科组织形态的演进包含三个机制：在高校学科生态治理过程中的协同创新机制，知识吸收过程中的转化机制，学科互动过程中的知识联动机制。

一、协同创新机制

梯度转移理论强调创新在区域发展中的关键作用，将创新活动视为决定区域梯度层次的决定性因素。高梯度区域通常是创新活动的中心，因为它们处于经济创新的前沿阶段，并具备先进的经济技术。随着时间的推移，这种创新活动逐渐向低梯度区域传播，最终实现低梯度区域成为创新的发源地[①]。梯度转移的创新机制不仅仅体现在产业和要素的转移上，更在于建立不同梯度学科之间的协同创新。学科生长点的创新发现成为梯度转移创新机制的关键，尤其是在高梯度区域的学科，其在知识、技能等方面的优势使其更有利于协同低梯度区域的学科。这种协同创新不仅为低梯度区域的学科提供新的发展动力，还促进了整个区域创新体系的协调发展。20世纪50年代耶鲁大学通过整合人文社科的优势，成功推动其经济学科进入美国一流学科的行列，展示了如何通过学科协同创新推动整体学科发展[②]。现代科学在宏观和微观方向上呈现出高度分化和综合的趋势。学科的发展经历了综合、分化和再综合的阶段，这与外部环境、经济发展、国家建设等因素密切相关。学科的分化不仅在纵向上表现为微观、宏观和宇观等方向的深入，还在横向上呈现为不同领域的细分。同时，学科的层次分化则体现在不同学科之间形成了不同的发展水平和发展要求。这种学科的高度分化与综合为梯度转移理论提供了理论支持，强调了不同梯度学科之间的互动与渗透，这一过程会导致跨学科、交叉学科的产生，学科之间界限的模糊化，甚至“超学科”的生成[③]。

（一）协同创新机制的建立

协同创新机制不仅仅在学科内部构建了有机的合作网络，更为不同梯度区域学科提供了广阔的发展空间。这一机制的建立，使得学科之间的合作更加紧密，学科发展呈现出协同性和系统性，并促进了创

① 杜莉．欧盟区域经济政策[M]. 长春：吉林大学出版社，2007：29

② 刘献君．学科交叉是建设世界一流学科的重要途径[J]. 高校教育管理，2020，14(01)：1-7，28.

③ 常姝．行业特色型高校学科发展战略管理研究[D]. 南京农业大学，2011.

新成果迅速转化为实际生产力。在这个过程中，协同创新不仅是高梯度区域学科向低梯度区域学科分享资源与经验的方式，更是一种相互促进、相互影响的全新模式。

协同创新机制的核心理念在于实现学科间的优势整合，其实施不仅仅意味着高梯度区域学科与低梯度区域学科之间的引领与被引领，更体现了深度的合作与资源共享。这种协同合作不仅仅使学科研究具备更丰富的深度和广度，更重要的是激发了双方创新的新动力。通过协同创新，学科之间的合作网络不再受限于单一领域，而是形成了跨学科的紧密关系。这样的合作关系为学科的全面发展提供了有力支持，使得学科能够从不同领域的研究中汲取灵感，形成更为综合和创新性的研究方向。实施协同创新机制改变了学科之间的交流格局，不再是单向的知识传递，而是实现了双向的流动。高梯度区域学科在分享独特的研究资源、先进理念和创新技术的同时，也能够从低梯度区域学科中获取新的视角和经验。这种双向的知识传递使得低梯度区域学科在适应科技创新潮流的同时，也能够充分借鉴高梯度区域的先进经验，实现对创新的深度调整和细化，从而形成更具地方特色的发展路径。

总体而言，协同创新机制的建立为行业特色高校学科的整体发展注入了强大的动力。这一机制的成功实施不仅在学科内部促成了深度合作，同时也为整个高等教育体系提供了一种可行的创新与发展模式，提升了学科合作与创新共同推动高等教育事业蓬勃发展的潜力。

（二）知识传递与交流

在协同创新机制中，高梯度区域学科向低梯度区域传递的知识不仅包括具体的科研成果和技术手段，更涉及一种创新思维和解决问题的方法论。这种方法论的传递使得低梯度区域学科能够更全面地理解和应用高梯度区域的先进经验，不仅仅是单纯的技术复制，更是对问题的独立思考和创造性解决。

在知识传递的过程中，高梯度区域学科往往与低梯度区域学科展开深度合作和互动。通过联合研究项目、共同实验室等形式，学科之间建立了更加紧密的联系。这种合作不仅仅局限于知识的传递，更包括对于科研方法的交流、实验设计的合作等方面。这样的全方位合作促使学科发展更加全面，有助于打破学科内部的壁垒，推动全局性的创新。协同创新机制的知识传递也在一定程度上促进了跨学科的交流与融合。高梯度区域学科的知识输入使得低梯度区域学科能够更好地理解不同领域的专业术语、研究方法和问题关键点。这种跨学科的交流不仅能够推动各学科在自身领域的发展，同时也为新的研究方向和领域整合提供了契机。在协同创新机制的框架下，知识传递与交流更是通过建立学科共同体的方式，将高梯度和低梯度区域学科融合在一个更大的合作网络中。这种共同体的形成使得学科之间的合作不再是零散的、临时性的，而是形成了一种稳定和可持续的合作模式。这对于长期推动学科的共同繁荣具有重要的战略价值。

因此，协同创新机制中的知识传递与交流不仅仅是单纯的信息传递，更是在学科之间建立起深度互动、全方位合作的基础上，推动着创新思维的蓬勃发展，促进学科的全面提升。

（三）方向性引领

在协同创新机制的运作过程中，高梯度区域学科对低梯度区域学科产生方向上的引领，为整个学科生态系统的繁荣创造了良好的条件。

高梯度区域学科通常具有更深厚的理论积累、更先进的技术手段以及更丰富的实践经验，这些都为低梯度区域提供了重要的支持。通过这种知识的输送，低梯度区域学科能够更全面地理解学科领域的发展动态和前沿趋势，迅速跟上学科的最新进展，为自身的研究和应用提供更为牢固的基础。这种互补性也体现在高梯度区域学科对低梯度区域学科的理论和实践经验的引导。高梯度区域学科不仅仅是提供知识的“供应商”，更是在引导和帮助低梯度区域学科深度融合先进理念的过程中，促成了协同合作。通过对低梯度区域的学科的引导，高梯度区域学科帮助低梯度区域学科更好地应对复杂的科研和行业挑战，加速解决问题的能力。低梯度区域学科在接受高梯度区域的支持的同时，能够根据本地实际情况对创新进行深度调整和细化，形成更具地方特色和实用性的发展路径。这种深度融合本地特色的过程不仅使得创新更具可行性，更为学科的发展增添了独特的亮点。低梯度区域学科能够在传承高梯度区域学科经验的同时，通过本地资源的充分利用，形成更为贴近实际需求的解决方案。

这种互补性与协同性推动了学科的全面发展，为整个行业提供了更加多元、更有深度的解决方案。通过高梯度区域学科的引领和低梯度区域学科的深度调整，学科体系在协同创新中实现了更全面、更高效的发展，为整个行业的进步和创新注入了源源不断的动力。

二、知识转化机制

在梯度转移理论中，知识转化机制在优势学科发展溢出效应中起着关键性的作用。该机制强调了高梯度区域学科向低梯度区域传递先进知识和技术的同时，注重低梯度区域学科对这些资源的吸收与有效转化。这构建了一个双向互动的知识传递模式，超越了简单的信息输入与输出。对于低梯度区域而言，单纯引进高梯度区域的知识和技术是不足以实现经济增值的，必须具备足够的能力去理解、吸收和应用来自高梯度区域学科的先进资源。这种机制在高校学科生态治理中同样具有指导意义，要求低梯度区域学科通过承接、吸收和转化高梯度区域学科的良好资源，真正提升其自身的发展能力。例如 MIT 在工学领域拥有强大的学科实力，但其政治学、经济学、语言学等非传统优势学科成功地通过充分利用工科的资源，实现了从低梯度学科向特色学科的蜕变。在这个过程中知识溢出的知识转化机制不仅要求高梯度区域学科在传递知识的同时注重可持续的合作，更要求低梯度区域学科通过吸收与理解、本土化调整、创新整合、自主发展的过程来实现。

（一）吸收与理解

深刻吸收和理解高梯度区域学科的知识是进行知识转化的第一步。这要求学科在吸收过程中展现更深层次的理解和挖掘。深刻吸收的核心在于不仅仅是对知识的表面接纳，更需要全面系统地理解知识的根本原理、逻辑结构和实质内涵。通过这一过程，学科不仅能够积极应用先进的理念和技术，更能够在实践中灵活运用这些知识，为问题解决提供更为深入的思考。

低梯度区域学科在吸收先进理念、技术手段和管理经验时，必须展现高度的学科综合能力。首先，低梯度区域学科需要对高梯度区域学科的理论框架有深刻的理解。这不仅仅是对学科理论的表面了解，更需要深入挖掘理论的内在逻辑，理解理论的发展脉络以及其在实践中的应用情况。这种理论框架的深刻理解有助于学科更全面地把握知识体系，为综合应用奠定基础。其次，低梯度区域学科需要巧妙地将吸收的理念、技术和经验与自身特点有机地结合。知识不再是孤立存在的，而是需要融入学科的实际需求，与学科原有的理论和实践相互融合。这种有机结合不仅仅是简单的堆砌，更是一种创新性的整合，使得吸收的知识更好地为学科服务，提升学科的综合应用能力。另外，确保对知识内涵和实质的深入理解也是学科深刻吸收的关键。低梯度区域学科需要对知识进行透彻的分析和解读，包括知识的来源、形成背景、演进过程等多个方面的了解。通过深入理解知识的内在逻辑，学科能够更好地把握知识的本质，而不仅仅是机械地套用。这种深入理解不仅加强了学科对知识的运用，还培养了学科深度思考和分析问题的能力。最终，建立牢固的理论基础是深刻吸收高梯度区域学科知识的最终目标。低梯度区域学科需要将吸收的知识融入自身的理论体系中，形成系统而有机的学科知识结构。这种理论基础的建立使得学科在面对实际问题时能够游刃有余，同时也为学科的创新提供了坚实的理论支持。

低梯度区域学科在深刻吸收高梯度区域学科知识中不仅积累了丰富的知识资源，更为自身的发展奠定了坚实的理论基石，从而在学科领域内展现更高的影响力和竞争力。深刻吸收高梯度区域学科的知识，不仅是知识的传递，更是学科发展的一次深度融合，为学科的长期繁荣提供了有力支持。

（二）本土化调整

进行本土化调整是确保学科溢出的知识在特定领域内实现有效应

用和可持续发展的核心措施。这种调整超越了简单地将理论知识套用于实践，而是要求学科的知识与学科环境的特定背景相互交融，实现理论与实践的深度融合。这一过程通过将学科知识与学科环境的问题、领域和行业特点有机结合，使得低梯度区域学科更贴近实际需求，增强其在学科环境中的适应性和可持续性。

本土化调整的关键在于将学科溢出的知识与学科环境的特定背景相互交融。首先，这要求低梯度区域学科深入理解学科环境的问题和需求。通过对学科环境的深入研究，低梯度区域学科能够更全面地了解特定领域内的挑战和机遇。这种深入理解有助于学科更有针对性地进行知识调整，以更好地满足外部环境的实际需求。其次，本土化调整要求优势学科知识溢出与学科环境的领域和行业特点有机结合。优势学科知识溢出需要与特定领域的实际操作、技术要求以及行业标准相互融合，以确保学科在实际应用中能够更为有效地发挥作用。这种结合不仅使学科知识更切实可行，也为学科在特定领域内的可持续发展奠定了基础。通过背景融入，低梯度区域学科能够更贴近实际需求，增强其在学科环境中的适应性。优势学科知识溢出的本土化调整使其能够更灵活地应对学科环境中的变化，更好地适应不同领域的需求和挑战。这种适应性的提升有助于学科更为顺利地推进研究和实践，从而为学科在特定领域内的可持续发展创造有利条件。

综上所述，进行本土化调整是确保优势学科知识溢出在特定领域内实现有效应用和可持续发展的关键措施。这种调整通过深入理解学科环境、结合领域和行业特点，使溢出知识更贴近实际需求，增强其在学科环境中的适应性和可持续性，为低梯度区域学科的全面发展提供了有力支持。

（三）创新整合

知识转化不仅仅是知识的传递，更是创新的整合过程。低梯度区域学科需要通过创新手段将引进的知识与本学科已有的知识进行有机整合，形成更具创新性和独特性的发展路径。这种整合不仅是对知识的再创造，也是为了适应新环境的需要。低梯度区域学科在吸收外部知识的基础上，通过创新手段将这些知识与本地已有的知识进行有机融合，实现更高水平的融合发展。

创新整合的核心是知识融合的创新性。低梯度区域学科需要具备将引进知识与已有知识进行跨领域融合的能力。这种整合不仅是对外部知识的再创造，更是为了创造新的理论框架、方法论或技术体系，使优势学科知识溢出在低梯度区域学科在本土环境中更具创新性和前瞻性。创新整合的不可或缺一环是跨学科的整合方法。引进的知识往往来自不同学科领域，低梯度区域学科需要通过搭建跨学科的整合平台，促使不同学科之间的交流与合作，形成更全面、综合的知识结构，为学科的综合发展提供有力支持。在整合过程中，低梯度区域学科应当审时度势，准确把握本土环境和需求，从引进的知识中提取与本土特色相契合的元素，使整合后的知识更具适应性和可操作性。为确保优势学科知识溢出能够在本土环境中得到更好整合，低梯度区域学科需要建立起可持续的知识管理机制，促使知识的不断更新和升级，以适应快速变化的环境和需求。

总体而言，创新整合是知识在转化过程中的关键环节，要求低梯度区域学科具备跨学科、创新性和可持续性的整合能力，以构建低梯度学科的独特发展路径。这种发展路径既有助于整合的知识体系在本土环境中更好地生存和繁荣，同时也为学科生态的不断繁荣奠定了坚实基础。

（四）自主发展

知识转化的最终目标是使低梯度区域学科具备自主发展的能力。通过对引进知识的理解、本土化调整和创新整合，低梯度区域学科能够独立地推动自身的发展，而不仅仅依赖于外部知识的输入。这意味着学科能够在新的知识基础上进行自主创新，实现可持续的发展。

自主创新是自主发展的核心。低梯度区域学科需要在引进的知识基础上，通过对问题的深度思考和创造性解决方案的提出，实现自主创新。这包括对学科领域内未解之谜的探索、新理论的构建以及前沿技术的研发，从而推动学科在本领域中独立发展。知识管理和更新机制是确保自主发展的关键。低梯度区域学科需要建立起有效的知识管理和更新机制，以不断吸收新知识、淘汰陈旧观念，保持学科的活力和前瞻性。这也包括建设高效的信息传递渠道，及时了解并应对学科领域内外的最新动态。人才培养和团队建设是实现自主发展不可或缺的一环。培养具备创新意识和独立思考能力的人才，构建高水平的研究团队，为学科提供源源不断的智力支持。通过人才培养和团队建设，学科能够更好地适应本土需求，形成具有自身特色的发展路径。社会影响和服务是学科自主发展的外在表现。低梯度区域学科通过将自身的研究成果和创新应用于解决社会问题，为本领域社会和产业的发展作出积极贡献，从而树立学科在社会中的声望，实现自主发展的可持续性。

总体而言，实现自主发展需要学科在创新、知识管理、人才培养和社会服务等方面具备全面能力，以推动学科在本土环境中独立、可持续地发展。这种综合性发展不仅使学科更有竞争力，也为学科在本领域中的发展奠定了更加坚实的基础。

三、知识联动机制

根据梯度转移理论的动态发展观，高梯度区域学科的自我发展不仅能够提升自身的话语权和影响力，同时也会在学科生态系统中促进邻近学科的发展。这种发展并非孤立存在，而是构建在高梯度区域学科自身特色的基础上。这个体系包括了若干特色学科、支撑学科和关联学科，形成了一个相互关联的网络。特色学科体系使得知识在学科之间得以联动，进而实现更全面、综合的发展。知识联动的核心是高梯度区域学科产生的知识溢出效应。这种效应具有正外部性作用，为低梯度区域学科提供了借鉴和利用的机会。通过知识的溢出，相关组织得以改造和激活，推动了整个学科生态系统的可持续发展。同时，高梯度区域学科通过示范效应影响着低梯度区域的学科发展。例如，在“学科群”模式中，高梯度区域学科成为低梯度区域学科学习的典范，推动整个学科体系的优化与完善。除了知识溢出和示范效应外，知识联动机制还通过建立跨学科的合作平台促进学科之间的交流与合作。高梯度区域学科往往横跨多个学科领域，通过搭建这种平台，不同学科之间得以更好地互通有无。这有助于形成更全面、深入的知识结构，为学科的综合发展提供了有力支持。

（一）学科体系的共生群落

高校的学科体系往往可以形成一个共生群落，包括基础学科、应用学科、新兴学科等。这个群落内的学科之间不是孤立存在的，而是紧密关联、相互影响的。在这种共生关系中，学科之间通过各种渠道进行交流与合作，形成了一种有机的结构，其中蕴含着内在的联动机制。共生群落中的学科之间形成密切的关系，通过学术研究、项目合作、人才培养等方面的交流，形成了一个学科生态系统。不同学科之间的互动促使知识在群落内得以传递、扩散，这种内部的知识流动成为共生群落的一种特征。在这个过程中，学科之间的相互依存性逐渐加强，形成了协同合作的局面。

这种群落内产生的知识溢出效应具有正外部性作用，为低梯度区域的学科提供了借鉴和利用的机会。首先，通过共生群落中学科之间的交流，低梯度区域的学科能够获取到先进的研究成果和方法论。这为低梯度区域的学科提供了借鉴和学习的机会，加速了其知识的积累和发展。其次，共生群落中的协同合作促进了科研项目的联动。高梯度区域的学科在项目合作中带来的专业组织和先进经验，使得整个群落内的科研水平得以提升，同时也为低梯度区域的学科提供了更多的合作机会，促进了双方的共同进步。除此之外，共生群落中学科之间的人才流动也是一种重要的知识传递方式。高梯度区域的学科吸引并培养了大量的高水平研究人才，而这些人才在群落内的流动不仅丰富了各学科的人才队伍，同时也带来了新的研究思路和方法。低梯度区域的学科通过引进这些高水平人才，能够更好地借鉴其在高梯度区域所积累的经验，推动自身的发展。

总体而言，高梯度区域学科共生群落所形成的内在联动机制和知识溢出效应，为低梯度区域的学科提供了良好的学习和发展条件。这种正外部性作用促进了整个学科体系的协同发展，推动了知识的传播与创新，为学科在更广泛范围内产生溢出效应创造了有利条件。

（二）知识溢出的组织协同

优势学科在知识的共享、整合等方面具有明显的优势。其知识溢出对多个组织间的知识稠合度起到促进作用，使相关知识得以改造和激活，推动相关组织的可持续发展。这种知识溢出在梯度转移模式中充当了联动的角色，促使先进知识在不同梯度区域学科间分享与利用。

优势学科的特点之一是其强大的知识积累和创新能力。这些学科通过学术研究、科研项目等途径产生的知识不仅在自身内部共享，还通过各种形式向外溢出。这种知识的共享和整合有助于形成更加丰富和有深度的学科生态系统。同时优势学科的知识溢出对于其他组织具有促进作用。通过分享创新成果、先进技术以及研究方法，优势学科推动了相关组织的知识更新和提升。这种促进作用不仅局限于学术领域，还能渗透到实际应用中，推动相关组织在实践中更具竞争力。

优势学科的知识溢出不仅是简单的信息传递，更是对知识的改造与激活过程。高梯度区域学科通过知识的输出，激发了其他组织对于相关领域知识的重新思考与创新。这种改造与激活过程促使知识在不同组织之间形成更多样、更灵活的应用形式。知识溢出对多个组织的积极影响体现在推动这些组织的可持续发展上。通过引入优势学科的前沿知识，其他组织得以不断更新自身体系，适应新的发展趋势，从而实现更为持久的发展。知识溢出在梯度转移模式中充当了联动者角色。在不同梯度区域学科之间，先进知识的分享与利用通过知识溢出的机制实现。这种联动作用促进了梯度区域之间的知识互通，有利于打破学科间的壁垒，形成更加开放、互动的学术环境。

通过以上方式，优势学科的知识溢出不仅对自身有益，更在更大范围内推动了整个学科群体的发展。这种知识的流动和共享在推动科研创新、提升学科水平以及促进组织间协同发展等方面发挥着关键作用。

（三）学科生态的示范效应

高梯度区域学科在自身发展中产生的知识溢出效应，形成了一定程度的示范效应。这种效应影响相对低梯度区域的学科，推动整个学科生态系统的优化与完善。学科之间的有效联动，尤其是围绕国家战略需求展开的学科群模式，成为引领学科发展的有效手段。

行业特色高校的优势学科先进的研究方法、创新理念以及成功的实践经验成为其他学科学习的榜样。这种示范效应不仅表现在学术研究上，还包括组织管理、人才培养等多个方面。其他学科通过模仿和学习，逐渐吸纳并运用这些经验，提升自身水平。示范效应通过促进其他学科的效仿和学习，推动了整个学科生态系统的优化。其他学科在模仿的过程中不仅仅是简单的复制，更是对其内涵和机制的深入理解。这促使各学科形成更为合理、高效的组织结构和管理体系，从而实现学科生态系统内部资源的更好利用。

示范效应带动了其他学科的逐步发展，并促使它们逐渐发展出自身的特色。学科之间在相互竞争的同时，也在相互合作、共享资源，形成了一种相对均衡的学科生态系统。这种健康的竞争与合作机制使得学科生态系统更加丰富、充满活力。示范效应的推动下，其他学科不仅仅追随优势学科，而是在模仿的过程中逐渐发展出自己的独特特色。这种多样化的发展使得整个学科生态系统更加多元，各学科在共同发展的同时也有了更多的差异化，丰富了整个学科生态系统的内涵。整个学科生态系统在竞争与合作中逐渐形成了一种健康的发展方向。学科之间的互相借鉴和互补，使得整个生态系统更具稳定性和可持续性。这种健康方向的发展有助于整个学科群体更好地适应外部环境的变化，保持生态系统的动态平衡。

综合而言，知识联动机制通过高梯度区域学科的发展引领、知识溢出效应的传递和示范效应的产生，促进了不同梯度区域学科之间的良性互动，为整个行业特色高校学科生态系统的协同发展提供了坚实的基础。

第七章 行业特色高校优势学科发展溢出效应的权变因素

"权变"是指"随具体情境而变"或"依具体情况而定"[①]，即在管理实践中要根据组织所处的环境和内部条件的发展变化随机应变，具体包括"因素从变"和"方案从变"两个方面的内容。"因素从变"是指在行动开始之前对未来事项的各种可变因素进行明智的选择，因时因地而变；"方案从变"是由于决策、目标、计划等本身就具有不确定性，必然会导致审计结论的不确定性，要从多元结论化的方案中选择最为满意的方案，采用从权的原则。

在行业特色高校发展过程中，学科外部的政策体系、行业要求、竞争环境等方面都可以认为是外部影响因素；内部影响因素主要包括学科管理、知识体系、发展资源、人才队伍等各方面的因素。由于学科是高校这一大系统的子系统，受到外部环境的影响，因此，在学科发展过程中，首先必须根据行业特色高校的发展需求和发展环境采取相应的措施，从而确保其对外部环境的最佳适应；其次，学科的发展

① 郭雅图.权变理论对现代领导科学发展的指导价值[J].人民论坛，2014(19):164-166.

是在不断变动的条件下以反馈的形式趋向高校发展目标的过程。因此，必须根据高校的近远期目标以及资源条件，采取顺势而行的溢出策略；第三，优势学科发展的溢出功效体现在学科治理和发展要素的相互作用过程中。因此，必须根据高校各要素的关系类型以及各要素与溢出效应之间的关系来确定治理方案。从溢出效应的性质和要素出发，可以通过行业特色高校文化建设、组织调控、资源保障、学术生态四个方面权变因素的分析，确定如何保证行业特色高校学科发展溢出效应价值的最大化。

一、学科文化

学科文化是学科成熟度的一个重要参照依据，包括学术传统、价值理念、群体风范等内容，这些内容代表了学科发展的未来趋势，同时促进学科前沿的演进，是学科自身的传统积淀和内源动力。特定的学科文化价值导向和学科文化氛围对于学科之间的有效联系和整体规划有着重要的意义，通过系统分析其生成条件和治理方式的基础上，对优势学科发展的溢出效应作出有益调整。首先，开放包容的学科文化不但能够吸收相应的学科资源，同时也可以在相互交流过程中带动整个学科体系的共同发展；其次，通过学科文化建设能够将学科理念和学科思维更好地散播出去，形成兼容并蓄的发展格局，促进知识、人才、资源的扩散与溢出；第三，学科文化建设能够树立起“大学科”的发展理念，避免信息不对称引发的逆向选择问题。

学科文化对行业特色高校优势学科发展溢出效应有着深远的影响。以下从学科文化的内涵、学科文化对发展溢出效应的影响以及如何构建有利于溢出效应的学科文化三个方面进行阐述。

（一）学科文化的内涵与特征

1. 学科文化的内涵

学科文化是学科内部形成的一种共同认知、合作方式和创新氛围的集合体，涵盖了学科的知识传统、行为准则，以及学科群体的共享价值观、思维方式和对合作和创新的态度。这种文化体现了学科成员的身份认同和学科共同体的凝聚力，形成于学科发展的历史过程中，承载着学科内部成员的共同努力和经验积累。学科文化既是一种精神纽带，也是促进学科内外合作的桥梁。

有关学科文化的定义主要有三种观点。第一种观点认为学科文化是学科内部形成的独特知识传统和相应的行为准则的体现[①]。学科的发展过程中形成的专业术语、独特方法论、共享的研究对象等构成了学科的知识传统，学科内部的思维方式和价值观念直接受到学科知识本身的影响。在这一视角下，学科文化既是学科成员对于研究领域的集体认知，也是学科内部成员遵循的行为规范。这不仅包括具体的学术标准，还包括对问题看待的方式、解决问题的方法等。例如，数学学科追求优雅和精确的结合，这种追求反映了数学学科的内在文化特征。相比之下，社会科学和人文科学更注重定性的思考和灵活的交流方式，这反映了这些学科在知识传统和行为准则上的独特偏好。第二种观点将学科文化与学科组织的文化等同起来，认为学科组织在形成和发展过程中积累的语言、价值标准、伦理规范、思维方式等共同构成了学

① 薛瑞丰，周春英，夏新颜等．浅谈学科文化教育与学科知识教育的关系 [J]. 华北水利水电学院学报（社科版），2001，（03）：78-79.

科文化[①]。学科组织的语言体系、共享的价值标准等不仅影响学科内部成员的相互理解，还影响他们对于学科发展方向的认知。这种观点强调了学科组织在学科文化塑造中的关键作用[②]。第三种观点将学科文化视为一种指导学科建设的文化体系，包括了学科建设的理论体系、管理体系等方面，不仅包括了学科内部的传统和行为规范，还承载着对学科未来发展的指导作用[③]。学科文化的核心是学科的独特性，即学科的特色应当在学科建设的各个方面得到体现，不仅是过去的积淀，更是对未来发展的引导。这种观点将学科文化视为一种指导学科建设的文化体系，包括了学科建设的理论体系、管理体系等方面。

综合这三种观点，我们认为学科文化不仅包括了学科内部的知识传统、行为准则，也涵盖了学科组织的文化，以及对学科建设的指导作用。学科文化是学科成员在探索、研究、发展学科知识过程中积累并传播的独有的语言、价值标准、伦理规范、思维方式和行为方式。每个学科形成了自己的文化特色，不仅反映在学科内部成员的共同认知和行为方式上，还通过学科建设的理论和管理体系对整个学科的发展产生指导作用。在学科文化中，学科成员共享相似的生活方式和行为准则，形成了学科共同体。这种共同体通过特有的符号系统、学科理念、价值标准和思维方式，区分了不同学科成员的身份。学科文化在学科内部形成了一种精神纽带，使学科成员更具凝聚力，更有利于合作和创新。

① 高山 . 大学学科文化管理研究 [D]. 中南大学，2012.

② 刘慧玲 . 试论学科文化在学科建设中的地位和作用 [J]. 现代大学教育，2002，（02）：72–74.

③ 李余生，张怀国，殷辉安 . 高校学科文化及其建设探讨之一——学科文化的涵义 [J]. 地质科技管理，1998，（S1）：47–54.

2. **学科文化形成的因素**

学科文化的形成受到多方面因素的影响，这些因素既包括学科内部的知识特性，也涉及外部环境的因素。

学科文化的形成主要受制于学科知识本身的独特性质和特征。这包括学科内容、学科界限、分支的统一程度、相近学科的情况、学科理论的作用、专门技术的重要性、学科量化和模式化程度以及学科研究成果的概括程度等。不同学科的独特性质直接塑造了学科的思维方式、研究方法和学术标准，形成了学科文化的基本特征。学科文化与学科知识具有强烈的相关性，尤其在知识性质方面。不同学科之间的差异不仅表现在研究技术、分析方法和处理资料方法上，还导致了研究者之间不同的人际关系。学术研究活动可以分为确立普适性陈述和研究个别事物两类。这两类研究活动在经验和知识分享方面存在重要差异，从而在学科文化中形成不同的特征。此外，知识本身的结构也对学科文化的形成产生重大影响。不同于大多数其他科学领域的学科，一些由系统知识体系和独特思维类型构建的领域如数学，强调内在逻辑和一致性，形成了独特的风格。这种结构导致了数学中优雅和精确相结合的特点。不同学科的学者在形成思维方式和交流方式上存在明显差异，这使得学科文化差异凸显。总体而言，学科知识本身的特性直接塑造了学科文化的差异。这些特性包括学科内容、统一程度、学科理论和专门技术的作用、量化和模式化程度等，共同构成了不同学科之间的独特文化特征。

院校文化是高等教育系统文化的一个重要组成部分，对学科文化的形成和差异产生深远的影响。不同院校在规模、历史、学科传统、层次和组织的严密性等方面存在差异，形成了独特的组织文化，即院校文化。院校文化中的观念、传统和信仰直接影响着学者的价值观、情感、思维方式等。这些影响通过学者的投入和互动传递到学科文化中，导致同一学科在不同院校中呈现出差异。不同院校对于学科的理念、思维方式和发展理念等方面可能形成差异，从而解释了为什么在同一学科中存在许多亚文化群体。院校文化的影响不仅仅限于学者个体，还通过学者的交流与互动，进一步影响整个学科文化的形成。院校文化中的观念、传统和信仰在学者之间形成共识，从而在学科领域内形成共同的认知和价值取向。这也意味着，同一学科在不同院校组织中会呈现出多样性和差异性，表现为学科文化的丰富多彩。因此，院校文化对学科文化产生的影响是多层面、多方面的。其在高校中的根本价值观念和组织特征直接塑造了学科文化的特色，促使同一学科在不同院校中展现出独特的面貌。这种多元性和差异性的学科文化丰富了整个高等教育体系，推动了学科的多元发展。

高等教育系统文化对学科文化的影响是深刻而多层次的。不同国家的高等教育系统由于其独特的历史、文化和经济背景等因素，在目的信念、入学信念、专业信念、就业信念、研究信念等方面形成了各自独特的传统。这些差异性在学科文化中显现，具体体现在学科的发展方向、研究方法、价值取向等方面。例如，德国高等教育系统具有科学传统，注重理论和实证研究，强调学术的深度和严谨性。相比之下，意大利高等教育系统则更注重人文主义传统，重视文学、艺术和哲学等领域的研究。这两种不同的高等教育传统不仅直接影响了各国学科的特色，也反映在学科文化中的差异。美国高等教育系统倾向于进行广泛的通识教育，培养学生的全面素养，而法国高等教育则更侧重专业训练，致力于培养学生在特定领域的专业技能。这种不同的教育理念对学科文化的形成和发展产生了直接的影响。例如，法国物理学和机械工程学科在专业性和实用性上可能更为突出，而美国同领域的学科可能更强调广泛的知识基础和创新性的研究。英美两国高等教育系统虽然表面上相似，但在学术文化中仍存在明显的差异。这些差异主要源于不同国家的价值观念和文化传统。举例来说，在历史学科中，英国学者更注重绅士传统，而美国学者的争论和竞争可能更为激烈，反映了美国社会对于竞争和创新的强调。同样，在物理学和机械工程学科中，由于英美文化价值观的不同，学者的争论和竞争也呈现出截然不同的特征。不同国家的高等教育系统文化对学科文化的影响体现在传统、教育理念、价值取向等多个方面。这种影响不仅在学科发展的方向上产生显著差异，也在学科文化中形成独特的特色，丰富了全球高等教育体系的多样性。

总体而言，学科文化的形成受到学科知识本身的独特性质和特征、院校文化、高等教育系统文化等多方面因素的共同影响。这些因素相互交织、相互作用，塑造了不同学科内部和国际间的学科文化多样性。

3. 学科文化的特征

学科文化作为一种特殊的文化形态，不仅深刻地反映了学科知识的本质，而且在其分化与整合、封闭性与开放性以及持久性和潜在性的文化影响等方面展现了多重特征。

学科文化根植于学科知识的深刻底蕴。学科知识为学科文化提供了内在的内容和框架，而学科文化则通过共享的专业语境和认同感强化了学科成员之间的联系。这种关系不仅推动了学科的内部发展，也为学科文化的传承和创新提供了动力。学科知识是学科文化的基石，它不仅包括学科的理论和实践知识，还囊括了学科内部的专业术语、概念、方法论等。这一知识的体系性和内在逻辑性形成了学科的认知框架，为学科文化提供了深刻的底蕴。学科知识的本质是对特定领域深入了解的产物，是对问题和现象深刻思考的结果。它不仅是知识的积累，更是学科成员共同构建的理论框架，为学科文化的形成奠定了基础。学科知识作为连接学科群体成员的纽带，不仅是一种普遍共享的资源，更是一种集体认同和共鸣的象征。学科内部形成的专业术语、语言、认知传统等元素，不仅构建了学科的专门化语境，也反映了学科知识的独特风格。这种专业性使学科文化具备高度的内聚力，学科成员因为共享相同的学科知识而形成密切的联系，形成了一个紧密的学科共同体。这种共同体不仅是学科内部相互协作的基础，也是学科文化形成的动力之一。学科内部的专业术语、语言体系是学科文化独特性的具体表现。这种专业性语境不仅是为了有效沟通学科知识而存在，更是学科文化内部的一种身份认同和仪式性的表达。学科成员通过使用共同的专业术语和语言传统，彰显着自己的学科身份，同时也形成了一种学科内部的文化惯例。这种语言的规范化和传承是学科文化的一种体现，为学科成员提供了一种共同的文化符号。

学科文化的分化与整合体现在学科知识的专门化和学科活动的专门化两个方面。学科的专门化与分支的增多导致了学科文化内部的差异化。这种差异化主要体现在学科知识的专门化上，随着科学领域的不断拓展，不同学科内涌现出更为专业化的研究方向，学者们深入探讨特定主题，形成了独特的学术语言和体系。学科内部的分支日益繁多，每个分支都拥有自己的术语和理论框架，这种专门性为学科内部的沟通提供了高效工具，同时也加深了学科文化的内聚性。不同学科内部的专门化语境使得学者们更容易形成共同体，形成了对特定知识领域的共鸣和认同。学科文化的分化并非简单的差异积累，更是对学科内部理论和方法的深刻探讨，形成了共同的认知传统和思维方式。这种内部一致性加强了学科文化的身份认同，使学科成员更多地以学科为单位紧密协作，而非仅仅因为所在学校或研究机构。学科内部的这种整合体现了学科文化的封闭性，形成了一种独特的学科共同体。然而，学科文化的整合并非仅限于学科内部，还涉及学科之间的协同与融合。随着学科交叉和综合研究的兴起，不同学科之间的界限逐渐模糊。在这个过程中，学科之间的专业术语和方法的融合成为促进学科整合的关键。在跨学科研究中，不同学科的专业性语境可以相互借鉴，为更广泛的知识领域提供丰富的视角。例如，工程学和医学的交叉研究涉及生物医学工程领域，此时工程学和医学的专业术语、方法等在交流中得到融合，促进了这一跨学科领域的发展。因此，学科文化的分化与整合既表现为学科内部的专门化和内聚，又呈现为学科之间的交叉与融合。这一动态的发展过程不仅推动了学科自身的深化和拓展，也为解决跨学科问题提供了更为丰富的可能性，为学科文化的不断发展注入了新的活力。

学科文化既具有封闭性的特征，也表现出开放性。学科文化的封闭性和开放性展现了其在社会文化体系中的复杂性和多样性。首先，学科文化的封闭性体现在其作为一种文化形态的固化和继承上。学科内部的共享观点、专业术语以及群体性和排他性，构成了一种相对稳定的认知框架，使学科文化形成了封闭性特征。这种封闭性有助于学科内部成员建立共同认同和价值观，形成紧密的社群。成员在这一文化中共享着特定的思维方式、观点和方法，形成了一种深厚的群体文化，这对于学科内部的合作和交流至关重要。然而，学科文化并非僵化不变的，它同时表现出开放性的一面。现代科学的快速发展导致了学科之间的边界变得模糊，不同学科的理论、观点和方法相互渗透、互为补充。这种开放性反映了科学研究的交叉性和综合性趋势。跨学科研究的兴起使得学科文化能够更灵活地吸纳其他领域的思想和方法，推动了科学知识的综合与创新。学科文化的开放性还表现在学科之间的互动和合作上。学科交叉和融合使得不同学科的研究者能够共同探讨复杂的问题，形成多学科的协同研究团队。这种协同合作有助于集思广益，促进了知识的整合和创新。例如，生物医学领域就是一个典型的跨学科合作的范例，涉及生物学、医学、工程学等多个学科，为医学研究带来了前所未有的突破。综合而言，学科文化的封闭性和开放性并非二元对立，而是相辅相成的特征。学科文化既因其封闭性而保有传统和稳定性，又因其开放性而适应了现代科学的多学科交叉和合作趋势。这种平衡体现了学科文化在知识社会中的动态性和适应性。

学科文化的影响具有潜在性和持久性的特征。这种文化形成于学科群体成员的互动过程中，具有稳定性和继承性，因而在潜移默化中对学科成员形成了无形的约束力和影响力。亚文化的群体性和排他性使得学科成员更容易接受和内化其中的观念和价值，而高深专门性的学科知识进一步强化了对个体的深刻和持久的影响。由于学科文化的高度观念性，其对成员的影响更多是潜在的，主要表现在不太为人注意的范型和价值之中。这种潜在的文化影响源于学科成员对特定范型和价值的认同和遵循，影响久远，持久性主要体现在对学科成员个体的影响和在学科存在的历史久远性。因此，学科文化作为学科的灵魂，其持久的文化影响力在时间的推移中变得越发显著。

（二）学科文化对优势学科发展溢出效应的影响

1. 扩大学科的影响力

由于学科文化本身包含着知识发现、发展、传承的价值取向，能够形成优势学科必然保有独到的发展理念和思想，对于行业特色高校来说，优势学科的学科文化往往代表了学校自身的发展定位和发展理念，这些理念会成为优势学科自身的发展动力，并且能够在发展中扩散到其他的学科领域。

学科文化的独特发展方向和思想使得优势学科在学科发展溢出过程中能够更为深刻地扩大其影响力。这一独特性不仅仅表现在学科内部的自身发展动力上，更在于其具有引领学科发展的前瞻性。通过强调知识的发现、发展和传承的价值，学科文化为优势学科注入了持续创新的基因，使得其不仅在学科内部具有引领地位，而且能够在跨学科合作中起到积极的引导作用。优势学科所代表的学科文化往往成为其他学科学习的对象，其他学科通过接触和学习这种文化，能够更好地理解先进的研究方法和创新理念。这种跨学科的借鉴有助于其他学科更好地应对面临的挑战，推动整个学科领域向着更为创新和卓越的方向发展。因此，学科文化作为引领学科发展的驱动力，不仅提升了优势学科自身的地位，也在更大范围内推动了整个学科领域的进步。

在学科影响力的扩大过程中，学科文化的传播和分享起到了关键作用。学科文化强调开放的学术环境，倡导知识的传播和分享。这种文化氛围有助于将学科内的研究成果向外界传递，形成交叉学科的合作与融合。通过积极参与学科间的合作，优势学科能够将其独到的发展理念和方法传播到更广泛的领域，推动整个学科体系更好地适应社会的需求，进一步巩固其在学科发展溢出中的领先地位。这种开放性的传播机制有助于建立起更加协同和共生的学科生态系统，推动学科领域迎来更大范围的共同繁荣。

2. 推动学科间相互融合、渗透

由于学科文化作为亚文化的形态，自身就是在不断的分化、融合、衍生的过程中进行发展的。在其发展过程中逐渐会形成相应的思维范式、方法理念，而这些理念会随着学科的分化与整合扩散到其他学科当中，并且在新的分支学科中产生相应的作用。对于行业特色高校来说，优势学科在不断分化过程中，相应的制度文化、学术文化也会带入新的学科，在相同的文化理念影响下学科之间会产生更好的沟通作用。

学科文化的发展不仅体现在单一学科内部，更在于学科间的相互融合和渗透。作为亚文化的形态，学科文化在其发展过程中不断经历分化、融合、衍生的演进，形成了一系列独特的思维范式和方法理念。这些理念随着学科的分化与整合，逐渐扩散到其他学科，并在新的分支学科中发挥相应的作用。在行业特色高校中，优势学科通过不断的分化过程，其制度文化和学术文化也随之演进。

在这一演进过程中，相同的文化理念使得学科间产生更为紧密的沟通作用。优势学科所具有的独特发展理念和方法不仅在自身学科内生效，还会在与其他学科的交叉中体现其独到之处。这种相互融合和渗透促使不同学科之间形成更加紧密的联系，共同探索适应多元化需求的研究方向。特别是在行业特色高校中，这种相互融合的机制有助于形成更具特色和卓越的综合学科体系。

学科文化的传承和演进过程中，优势学科不仅在自身发展中取得进步，也为其他学科提供了丰富的经验和方法。这种经验的交流与分享促使学科体系在更大范围内形成一种共同的文化认同，推动整个学科生态系统更好地适应变革和创新。因此，优势学科通过其自身的融合和渗透作用，为整个行业特色高校的学科体系创造了更有活力和多元的发展环境。

3. 培养传承学科理念

学科文化的作用主要通过价值观念、思维方式、工作习惯、学术风气等方面来得到实现，这种传承作用会随着人员的流动和交流而延续下来，体现出一种学科理念的传承。行业特色高校的优势学科一般都具有独立的稳定的文化体系，这种体系会被认为是高校体系特征在学科之间产生影响，通过相互的包摄性推进优势学科对其他学科发展的有效溢出①。

学科文化的影响主要体现在其对于价值观念、思维方式、工作习惯、学术风气等方面的塑造。这种传承作用并不仅仅局限于单一学科内部，还会随着人员的流动和交流而在学科之间延续下去，形成一种学科理念的传承。在行业特色高校中，优势学科所特有的文化体系不仅是高校体系特征的重要组成部分，同时也是传承学科理念的关键元素。这一体系在学科内部形成了一种共同的认同和理念，为该学科的发展提供了坚实的基础。优势学科的文化体系被视为学科内部传承的一种载体，通过其稳定性和持续性，成功地将学科理念传承给新一代的研究者和学者。

在优势学科发展溢出的过程中，这种学科理念的传承起到了积极的推动作用。优势学科的文化体系在相互包摄的过程中，推动了学科内外的有效溢出。新一代的研究者在接受并继承这一理念的同时，也为学科的创新和发展注入了新的活力。这种跨时代的传承机制促使学科在不同历史时期都能够保持其独特性和创新性，为整个行业特色高校的学科体系健康发展奠定了坚实的文化基础。因此，培养和传承学科理念成为优势学科在行业特色高校中实现发展溢出效应的关键环节。

① 刘慧玲．试论学科文化在学科建设中的地位和作用 [J]. 现代大学教育，2002（02）：72–74.

（三）构建有利于优势学科发展溢出的学科文化

1. 促进跨学科交流

构建有利于溢出效应的学科文化需要促进跨学科的交流与合作。培养学科内部成员对其他学科的理解和尊重，鼓励开展跨学科研究项目，有助于形成更加开放和包容的学科文化。

学科文化的建设要求促进跨学科的交流与合作，以营造有利于溢出效应的文化氛围。在行业特色高校中，优势学科的文化体系不应只局限于学科内部，而应积极倡导和培养对其他学科的理解和尊重。这种理念的推崇不仅有助于加强学科内部的凝聚力，也为学科间的合作奠定了基础。跨学科研究项目的鼓励是促进跨学科交流的一种重要方式。通过开展这样的项目，不同学科的专家和研究者可以共同探讨复杂问题，共享各自领域的专业知识。这种跨学科的研究合作不仅拓宽了学科的研究领域，也为优势学科的成果在更广泛范围内产生发展溢出效应提供了契机。

建立一个鼓励跨学科交流的学科文化，可以使得不同学科之间的界限更为模糊，形成更加开放和包容的学术氛围。优势学科的研究者在理解和尊重其他学科的同时，也更愿意与其他学科进行深度合作。这样的合作不仅有助于知识的传播与共享，也为行业特色高校创造了一个更具活力和创新性的学术环境。因此，促进跨学科交流是学科文化建设中的重要一环，为优势学科发展溢出效应的形成和发展提供了有力的支持。

2. 建立共享平台

创建共享平台是构建有利于优势学科发展溢出效应的学科文化的有效途径。通过建立学科内的共享资源、数据平台，以及促进研究成果的共享，可以加强学科内部成员之间的合作关系，提高知识的传递效率。

构建有利于优势学科发展溢出效应的学科文化需要通过建立共享平台，促进学科内部资源和信息的共享。在行业特色高校中，建立学科内的共享资源、数据平台是一种有效的途径。这样的平台不仅能够加强学科内部成员之间的协作与合作关系，还有助于提高知识的传递效率，进而推动学科发展溢出效应的形成。共享平台可以实现包括学科内的研究设备、实验数据、文献资料等资源的共享。通过建设这样的平台，不同研究组或团队可以更加便捷地获取和共享彼此的资源，推动研究工作的协同开展。这有助于消除学科内的信息壁垒，提高学科内部成员之间的交流频率，从而形成更为紧密的合作网络。此外，共享平台还可以涵盖研究成果的共享和展示。通过将研究论文、项目成果等进行统一管理和展示，可以让学科内的成果更广泛地为其他成员所知，从而激发更多的合作机会。这种透明的信息共享机制有助于提高学科内部的学术活力，为优势学科的成果产生更大的影响力提供支持。

因此，建立共享平台是构建有利于溢出效应的学科文化的重要手段。通过这样的平台，学科内部的资源和信息得以更好地共享，为学科发展溢出效应的形成提供了更为良好的条件。

3. 激励创新

在构建有利于溢出效应的学科文化中，激励创新是至关重要的方面。学科文化应该积极鼓励学科内部成员不断探索新的研究方向和方法，为此，提供良好的科研环境和创新激励机制势在必行。这种激励创新的学科文化有助于形成富有活力的学术氛围，从而推动优势学科的发展溢出效应。

学科内部成员提供良好的科研环境是激励创新的前提。这包括提供先进的实验设备、研究场地以及良好的学术交流平台。通过创造这样的科研条件，鼓励成员进行更深入、更前沿的研究，有助于培养出更多的创新思维和方法。创新激励机制是激发学科内部创新动力的关键。这可以包括设立科研项目奖励、成果转化奖金等奖励机制，以及提供更多的研究经费和支持。通过这样的激励手段，可以鼓励学科内部成员更加积极地参与创新研究，推动学科的不断发展。学科文化应该倡导对失败的容忍和鼓励。创新不可避免地伴随着尝试和失败，而对失败的宽容有助于消除创新的恐惧感，使学科内部成员更加愿意冒险尝试新的研究方向。这种包容态度有助于形成更加开放和包容的学科文化，为学科的创新发展提供更宽广的空间。

通过激励创新，学科文化能够在内部成员中培养出更多的创新力量，从而推动学科发展溢出效应的形成。这种积极的学科文化为高校构建具有广泛影响力的优势学科提供有利条件。

二、组织调控

组织调控作为高校实现学科生态平衡和可持续性发展的关键系统工程，涉及行政手段和财政手段的综合运用。在整个高校发展规划中，组织调控的目标之一是以优势学科为引领，通过对学科体系的优化来促进学科的协同发展。这一过程中，需要审慎制定规章制度，通过日常管理和资源分配等手段对学科发展进行干预。对于行业特色高校，组织调控包括对组织模式、部门设置和责权分工的整合。学校需要在不同的组织方式中选择最适合实现优势学科发展溢出效应的方案。同时，需要对部门进行合理的统整，确保行政机构和院系学部的协同效应。在责权分工方面，为了避免效率低下，需要实现学科和个体责权的统一原则，使得学科发展更具协同性。

（一）高校学科组织的要素、运行机制及主要特征

1. 高校学科组织的要素

高校学科组织作为学术组织的一种，其运作和发展受到学科发展目标、学者、学术信息、学术物质资料四个基本要素的共同影响。

学科组织的发展目标是对其在学术、教育、研究和社会服务等方面期望和定位的集中体现。这包括学术性目标和实用性目标两个层面，旨在促进学科综合水平提高、增进学科声望、培养高级专业人才以满足社会需求。学科组织需要根据学科特点、科技发展和社会需求不断明确定义和调整发展目标，以实现多方面的平衡和可持续发展。学术性目标主要聚焦于推动学科研究水平提高，通过前沿研究、高水平论文发表、国际学术合作等手段不断深化理论和实证研究。提升学科在学术界的声望也是追求的目标，体现在学术成果的知名度和学科带头人的学术声誉上。实用性目标则侧重于学科组织对社会服务的责任，通过培养高级专业人才来满足社会需求，既传授专业知识，又注重培养实际应用和问题解决能力。在确定和调整发展目标时，需要全面考虑学科自身特点、科技发展趋势和社会需求，以实现多方向上的进展，并适应不断变化的外部环境。这种多方面平衡有助于确保学科组织在各个方面都能实现进展。

学者是学科组织的核心要素，其重要性体现在对学科的学术水平和研究实力的直接决定性作用。学者群体包括学科带头人和学术梯队，

二者共同构成了学科组织的学术力量，对学科的发展产生决定性作用。学科带头人在学科组织中扮演着引领和决策的关键角色。他们的学术声望、卓越的学术造诣以及对学科方向的深刻洞察，直接决定了学科的学术地位和发展方向。学科带头人的领导力、学科视野和科研经验对于整个学科组织的稳定性和前进方向至关重要。他们在学术界的知名度也有助于提升学科组织的声誉，促使组织在国际学术领域中取得更大的影响力。学术梯队是学科组织的主体，承担着学术研究、教学和其他学科活动的重要任务。学术梯队需要具备合作精神和跨领域的知识综合能力。合作精神有助于形成团队协作的学术氛围，促进学科内部的知识交流和合作研究。跨领域的知识综合能力则能够使学科组织更好地应对复杂多样的学术问题，推动学科的多元发展。在学者的选拔、培养和流动方面，对学科组织的发展具有至关重要的作用。选拔优秀的学者，尤其是具备创新能力和潜力的年轻学者，有助于注入新的活力和思想，推动学科组织的创新和发展。同时，对学者的培养也是学科组织发展的战略性投资，培养出更多高水平的学者将进一步提升学科的整体水平。学者的流动也可以促进学科组织与外部学术界的互动，引入外部先进的研究经验和思想，有助于提升学科的国际竞争力。学者作为学科组织的核心要素，其引领、合作和培养对于学科组织的发展具有重要而深远的影响。学科组织需要通过科学合理的选拔和培养机制，以及畅通的流动机制，不断激发学者的创造力和积极性，实现学科组织的繁荣。

学术信息对于学科组织的发展具有至关重要的作用，它涵盖了广泛的知识形式，包括课程、教材、专著、论文、科研成果等。学科组织对学术信息的获取、传递和应用，直接关系到其在学术研究领域的前沿位置和竞争力。首先，学科组织需要保持对学术信息的灵敏度。

在快速发展的学术领域，新知识的涌现和研究成果的不断更新是常态。对学科组织而言，了解并把握最新的学术进展，可以使其在学术竞争中保持活力和领先地位。灵敏地获取学术信息，使学科组织能够更加精准地定位自己在特定学术领域的位置，把握学科发展的方向。其次，共享学术信息是学科组织实现合作与创新的重要途径。通过建立高效的学术信息传递和交流机制，学科组织能够促使其成员之间的合作更加紧密。共享信息可以避免重复研究，防止资源浪费，使学科组织在有限的资源下更好地推动学术进展。同时，学术信息的共享还有助于推动学科组织与其他学科组织之间的沟通，形成跨学科的研究合作，推动整个学术领域的创新。为实现高效的学术信息传递和交流，学科组织需要借助先进的科技手段，建设信息平台和学术社区。通过建立专业的学术数据库、在线期刊、学术社交网络等工具，学科组织能够更迅速、全面地获取学术信息。同时，组织内部的学术研讨会、讲座、学术交流活动也是促进成员间学术信息交流的有效途径。总体而言，学科组织要充分认识学术信息的重要性，建设高效的信息传递和交流机制，以促使学科组织在学术研究的过程中不断创新、合作，实现可持续的发展。

学术物质资料在学科组织的运作中扮演着至关重要的角色，它包括研究资金、现代化设备、图书资料等，是支持学者进行学术活动的基础条件。这些物质资料的充足性和质量不仅提供了便利的研究条件，更是学科组织实力和水平的象征，对于高校学科组织的研究和人才培养能力的提高具有重要影响。例如，有充足的研究资金可以帮助学者开展更为深入广泛的研究，购买必要的实验设备，进行实地调研，推动学科领域的创新；拥有现代化的设备可以提高学科组织的实验室研究水平，使学者在研究过程中更为高效和准确地获取数据，推动学科的前沿研究；拥有充足而丰富的图书资料，有助于学科组织成员进行深入的文献研究，拓宽学科知识面，提高学术水平通过对学术物质资料的精细管理，学科组织可以更好地支持学者进行高水平的学术研究和教学活动，为整个学科领域的发展提供坚实的物质基础。

2. 高校学科组织的运行机制

高校学科组织的运作机制涉及学科发展目标、学者、学术信息和学术物资等诸要素之间相互联系、相互作用，共同推动学科组织的发展。主要的运作机制包括：需求导向机制、正反馈机制、交流互动机制①。

需求导向机制在学科组织的产生和发展中提供动力。这一机制涵盖了学科导向和问题导向两个方面，既包括学科自身内在规律的考量，也包括了社会和经济发展对学科提出的新需求的关切。需求导向机制的运作直接影响了学科组织发展目标的制定，从而塑造了学科在学术、教育、研究和社会服务等方面的发展定位。首先，学科导向体现了学科自身的规律和发展趋势。这包括学科的发展演变、科学技术的一体化，以及国际化的趋势等。学科组织需要深刻理解学科内在的发展规律，包括新知识的不断涌现、研究方法的更新以及学科结构的调整等。通过对学科导向的考量，学科组织能够更好地把握学科的前沿动态，为学科的研究提供坚实的理论和方法支持。其次，问题导向体现了社会和经济发展对学科提出的新需求。随着社会的进步和经济的发展，对各个学科的需求也在不断变化。这可能包括对新型人才的培养、特定领域的研究需求以及解决社会问题的迫切需求等。问题导向机制使学科组织能够灵活地响应社会的需求，及时调整研究方向和

① 庞青山．大学学科结构与学科制度研究 [D]. 华东师范大学，2004.

目标，从而更好地服务社会、推动科技创新和培养符合社会需求的专业人才。这一机制的运作确保了学科组织能够根据自身的类型、层次和性质灵活地调整发展目标，以保持学科组织的正常有序发展。不同层次和类型的学科组织可能面临不同的挑战和机遇，需求导向机制使其能够有针对性地制定发展战略和目标，以适应不同的环境和需求。

正反馈机制在高校学科组织中起到重要作用。对于学科的发展和学术实力的积累具有深远的影响。这一机制通过学术资本的积累、学术成果的认可以及资源的获取，形成了一种良性循环，推动学科组织不断巩固和扩大其地位。首先，高层次学者在学术活动中积累的经验、研究方法、学术信息和学术物质资料为后续研究提供了坚实的基础。通过不断深入的学术探讨和研究实践，高层次学者在特定领域内形成了丰富的经验和独到的见解。这种经验的积累使他们能够更加深入地理解问题、把握研究方向，并为后续的学术活动提供指导和支持。同时，高层次学者所掌握的研究方法和学术信息也为学科组织的整体水平提供了提升的机会。其次，学者的成果在学术共同体和社会中获得认可，为争取新的课题和资助创造了条件。优秀的学术成果不仅仅对学者个体具有重要意义，也对整个学科组织的声誉和影响力产生深远影响。学术共同体对高层次学者的成就给予高度关注，这种认可不仅体现在学术期刊上的论文发表，还表现在学术会议、奖项评选以及对于研究项目的资助。这种认可为高层次学者争取新的研究课题和项目提供了更多机会，进一步促使他们在学科中取得更多的成就。这种优势再进一步巩固和扩大了学科的地位。高层次学者的知识积累和成就不仅加强了学科的内在实力，也为学科组织在国际学术界的地位提供了支撑。其影响力的不断扩大吸引了更多的学者、学生和合作机构，形成了良性的发展循环。学科地位的提升还有助于吸引更多的资源，包括研究经费、先进设备和人才支持，进一步提高学科的研究和教学水平。相反，如果一个学科长期处于落后地位，可能导致与同行的距离进一步拉大。缺乏高层次学者的积累和成就，学科组织可能难以在学术竞争中取得优势。缺乏足够的资源和认可，学科组织可能难以吸引到高水平的学者和研究生，进而形成恶性循环，使得学科的发展陷入停滞。

交流互动机制是学科组织发展过程中不可或缺的一部分。它不仅有助于学科组织内部要素之间的协同合作，还促使学科组织与外部环境和其他学科组织之间形成紧密联系，使得学科发展更富活力和适应性。首先，学者特别是高层次学者的流动对学科组织产生深远的影响。学者的流动带来了新的思想、研究方向和资源。当高层次学者在学科组织之间流动时，他们往往携带着丰富的学术经验和先进的研究理念，为接收组织带来了新的思维和方法。这不仅有助于推动学科组织的研究水平和创新力的提升，还为学科内部形成更加多元化和丰富的学术氛围。其次，交流互动机制使学科组织与外部环境及其他学科组织之间保持紧密联系。这种联系有助于学科组织更好地了解外部社会的需求和学科发展的趋势。通过与其他学科组织的交流，学科组织可以获取不同领域的知识和经验，促进跨学科研究的发展。同时，与外部环境的有效互动也有助于学科组织更好地服务社会，满足实际需求，增强学科组织的社会影响力。交流互动机制实现了学科组织发展的动态平衡。通过内外部各要素之间的紧密协作和信息共享，学科组织能够更灵活地应对外部环境的变化和内部需求的调整。这种动态平衡使学科组织能够更好地适应不同阶段自身的发展，确保学科组织在竞争激烈的学术领域中保持持续竞争力。

3. 高校学科组织的特征

与其他组织相比，高校学科组织具有以下几个特征。

第一，学科组织的变革是高校发展的重要标志。高校学科组织的变革是高校发展的重要标志，既反映了高校内部的发展需求，也是对外部环境变化的积极响应，是高校适应时代需求的重要手段。每一次变革都为高校带来了根本性的变化，推动了高校在教学、研究和社会服务方面的不断创新。在中世纪，高校学科组织采用学院制度，这标志着高校内部管理的初步建立。通过将教学与对学生的管理结合在一起，使高校形成了对学生教育更为系统和有序的管理模式。英格兰在高校学科组织上采用了单科讲座制，提高了教学效率，同时也在国际上提升了教育水平，体现了学科组织变革对高校整体水平的积极影响。在19世纪初，德国柏林大学引入了讲座制和研究所制度，将教学和研究相统一，确立了科学研究在高校中的地位。这一变革成为现代大学的标志，强调了大学应该是教学和研究相辅相成的机构。美国大学在20世纪初对德国制度进行学习与改造，进一步将大学的发展推向新的阶段，成为世界学术研究的领军者，为其他国家树立了榜样。近年来，随着科学技术的不断进步，高校学科组织形式呈现出多样化趋势。跨学科组织的出现既是现代科学技术综合化发展的产物，又有力地推动了科技和社会经济的发展。高校通过不同形式的跨学科组织，实现了知识的交叉融合，为解决复杂问题提供了更加全面和系统的方案。高校学科组织的变革不仅是高校发展的内在需求，更是高校对社会、科技和文化变革做出积极响应的表现。通过历史的变迁，高校学科组织在变革中不断探索，不断适应新的挑战，为高校的长期平稳发展奠定了基础。这一特征使得高校不仅是知识的传承者，更是创新的推动者，为社会的进步和发展贡献了巨大的力量。

第二，学科和事业交叉的矩阵结构。高校学科组织被描绘为学科和事业交叉的矩阵，这个矩阵将原本规模较大的系统转变成千万个相互联系的交叉点。这种结构将学科和事业单位在大学和学院的基层单位有机地结合在一起，形成了一个多层次、多维度的交叉矩阵。高校学科组织处于学科和院校联系的核心节点上，既是学科的一部分，也是院校的组成部分。这样的地位使得学科组织能够充分结合学科和事业的特点，同时从两者中汲取力量，发挥核心作用。在高校学科组织中，一个学系或一个讲座既是一门学科的一部分，同时也是一个事业单位的组成部分。这种结合使得系列讲座能够在学科和事业之间发挥桥梁和纽带的作用，形成了学科组织的基础单元。学科和事业单位在高校学科组织中汇合，形成一个复杂的矩阵结构。这个结构将不同的学科专业、不同层次的人才培养、教学和科研的不同机构整合在一起。这种多层次、多维度的交叉使得学科组织能够更全面地应对不同需求，形成力量的汇聚和共享。高校学科矩阵结构通过多种途径进行变革。横向扩展包括引入新学科专业和跨学科组织，纵向分层涉及建立研究生院等。这种变革使得学科组织呈现出复杂的“立体化”状态，促使不同层次和领域的学科能够更好地交叉和合作。高校学科组织作为学科和事业单位之间交叉的核心，其矩阵结构既保持了学科的纯粹性，又使得事业单位在高校内部能够得到充分的发展。这种结构为高校提供了丰富的资源和合作机会，为学科的创新和综合发展提供了有力支持。高校学科组织的学科和事业交叉的矩阵结构使其在高等教育体系中具有独特而重要的地位和作用。

第三，学术性与科层性的交织。高校学科组织既具有学术性，又存在科层性，这两者之间的交织形成了组织内部权力关系的复杂结构。学术性和科层性分别代表了学科的专业性和事业单位的管理层次性。高校学科组织是学术组织，其核心业务是对知识进行继承、传播和创新的教学和研究活动。学科组织直接以高深知识为操作对象，强调学术活动的自主性和个体行为的选择性。这形成了学术权力，即以专业知识为基础的专业权威。学者对于学科活动的掌控和学科发展目标的确定体现了学术权力的主导地位。科层性是指组织内部的等级制度和责权明确等管理机制。学科组织作为高校的一部分，受到科层性的制约，需要保证组织运行的有序和高效。然而，由于高校学科组织的学术性质，科层机制并不总是与学术性要求相容，这导致了学术性与科层性之间的矛盾。学科组织中的权力交织表现为学术权力和行政权力的相互影响。学科组织的学者拥有对学术活动的控制权力，包括开设科目、进行教学和指导学生等。这种学者的专业权威体现了学术性。同时，科层性要求的管理机制在一定程度上对学科组织的运行产生影响，但这种影响通常是在组织的某些范围和领域内发生，而不是全面主导。尽管学术性与科层性存在矛盾，但由于高校学科组织的本质属性是学术组织，学术性对于高校学科组织的主导地位是基本的。学者对于高深学问的了解和掌握使得他们最有资格决定学科的发展方向、课程设置、招生标准等，体现了学术性的主导。

第四，松散结合性。即组织内部子系统之间相互关联，但各自保持独立特点和个性。高校学科组织以学科为主要的层次，学科内部包括不同的学科、专业和讲座。这些学科、专业和讲座在工作表演中往往是独立自主的，互不直接联结。每个学科和专业拥有自己的思想体系、研究方式和历史传统，形成了独特的个性。学科组织的基本建筑材料，如学部、系、讲座，表现出一种松散联结的状态。这些组织单位在工作中一般独立自主，形成了类似于各知识群体的控股公司。这种独立性使得学科组织内部各个单元能够在一定程度上自主运作，不会被过多的中央化控制所束缚。在学科组织中，不同的学术团体和学者能够各自发挥主动性、自主性和创造性。由于存在松散联结性，学者在各自的学科领域内能够独立开展研究，制定工作方向，不受其他学科组织的过多干预。松散结合性使得学科组织内的学者能够根据各自的思想、传统和研究方式进行工作，彰显学术工作的灵活性。这种独立性促进了学科内部的多样性和创新，有利于适应不同学科领域的发展。

（二）组织调控对行业特色高校优势学科发展溢出效应的影响

行业特色高校的组织调控不但具有高校组织的一般特征，同时作为连接行业与高等教育体系的重要实体，在进行学科整合过程中必须要兼顾高校现有资源和社会行业的现实需求。对于优势学科发展的溢出效应管理除了要考虑知识体系的距离关系，学科本身的基础外，还要涉及未来行业对于技术、人才等的需求。

1. 学科布局与优势培育

组织调控在学科布局和优势培育中扮演关键角色。高校通过深入的学科布局和培育，能够更加精准地满足社会对不同领域专业人才的需求。这涉及对学科的战略选择，例如在新兴领域的投资和发展，其目的是适应科技创新和社会发展的需求。

通过组织调控，高校可以在战略上强调某些学科的集中发展，形成战略性的学科群。这种战略性集中发展不仅有助于高校形成特定领域的专业特长，而且可以使学科在相关领域内具备竞争优势。举例而言，如果高校在人工智能、生物技术等前沿领域进行有针对性的集中发展，其在这些领域的研究水平和创新实力将得到显著提升，从而有望在全校范围内取得领先地位并带动一批周边学科的发展，产生发展溢出效应。这种战略性的学科集中发展有助于高校更好地服务社会需求，推动相关领域的科研和产业发展。除了战略性的集中发展，组织调控还能够通过优化学科结构，提高各学科之间的协同效应。通过横向和纵向的学科整合，高校可以形成更加协同的学科体系，推进各学科之间的知识交流和合作。这种协同效应有助于打破学科之间的壁垒，推动跨学科的研究和合作，从而提升整体学科的创新能力和竞争力。高校可以通过引导学科之间的互相借鉴融合，实现知识的融合，进而在复杂问题的解决上发挥更大的综合优势。此外，组织调控还能够促进不同学科之间的协同发展，形成多学科交叉的发展模式。通过引导不同学科之间的资源共享和合作，高校能够培育具备跨学科特质的综合性学科。这样的学科既能够跨足多个领域，提升整体学科的综合影响力，又能够更好地为社会提供广泛的服务和为产业提供支撑。这种协同发展模式有望在解决现实问题、推动科技创新和满足多层次需求等方面发挥更为显著的作用。因此，学科布局与优势培育的深化需要在组织调控的引导下，充分考虑社会需求、科技创新方向，通过战略性集中、结构优化和跨学科协同等手段，推动学科布局的优化和优势学科的发展，实现高校优势学科的持续发展和产生更为显著的发展溢出效应。

2. 研究方向引导与战略规划

在组织调控的框架下，通过引导研究方向和进行战略规划，高校可以更有效地推动学科的发展，使其更好地服务国家需求和社会发展方向。

通过对研究方向的明确引导，高校能够确保优势学科的研究与国家战略和社会需求保持一致，从而更加有针对性地贡献于社会进步。这种战略引导意味着将学科的研究资源集中用于解决国家和社会面临的重要问题，如新能源、环境保护、医疗健康等领域。这样的明确引导能够推动学科深度参与相关领域的研究，推动科技创新，并最终服务于社会的可持续发展。战略规划的制定有助于高校更好地规划和管理学科的发展。通过全面的战略规划，高校能够明确学科的长远发展目标、优势领域和重点方向，以及在发展过程中可能面临的挑战。这种规划有助于高校更加有效地配置资源，提高学科的整体竞争力，确保学科的研究具备广泛的社会影响。战略规划还可以使高校更灵活地应对变化的外部环境，使学科能够更好地适应不断变化的科技和社会需求。此外，战略规划还可以激发学科内部的活力和创新能力。通过设定明确的目标和任务，高校可以激发师生的研究热情，推动学科内部的创新和探索。学科内部的活力不仅表现在研究方向的深度发展，还体现在教学、科研机构建设等多个方面。战略规划的透明度和参与性还能够促使学科成员更加积极地参与到学科的规划和发展中，形成共识，增强学科的内部凝聚力，进一步推动学科的健康发展。这样的内部活力和创新能力将为优势学科的发展溢出效应提供更为坚实的基础。

综上所述，研究方向引导与战略规划是组织调控中不可或缺的环节。通过合理引导学科的研究方向，并通过制定战略规划，高校能够更好地服务社会需求，提高学科的整体水平，实现更为显著的发展溢出效应。

3. 资源投入与支持

在组织调控的框架下，资源投入与支持是实现高校优势学科发展溢出效应的关键因素。通过向优势学科投入更多的资源，高校可以有效提升学科的研究水平、创新能力和影响力，从而更好地服务产业、社会和国家的发展需求。

经济资源的充足投入对于高校学科的研究和教学活动起到了至关重要的基础支持作用。通过增加研究项目的经费支持，高校能够积极激发师生的科研热情，推动学科内部的创新和知识产出。这不仅包括支持基础研究的项目，还包括鼓励面向应用的实际问题的解决方案研究，促使学科研究更贴近社会需求。合理使用经费还能够提高实验室设施的质量和数量，为学科研究提供更优越的硬件条件，吸引高水平的科研人才加入。这样的投入有助于打造先进的研究环境，为学科内部的创新提供有力支持。实验室设施和科研团队的建设是高校资源投入的重要方向。通过建设先进的实验室设施，高校为学科提供了更为优越的研究平台，有利于优势学科在前沿科研领域进行深入探索。同时，构建高水平的科研团队也是关键一环，高校可以通过引进国内外优秀的科研人才，培育本土学术领军人物，形成具有国际竞争力的研究团队，推动学科的整体发展。这样的科研团队在各种合作与交流中还能够促进学科之间的协同发展，推动知识的综合创新。在实现溢出效应的过程中，教育资源的增加也起到了至关重要的作用。高校可以通过提升教学质量、拓展人才培养渠道等方式，培养更多具备创新精神和实践能力的高层次人才。这不仅能够推动学科内部的不断创新，还为产业界和社会提供更多高水平的专业人才。高质量的教育资源投入既包括教学设施、教材、师资队伍的建设，也包括拓展实习和实践机会等，从而全方位地提升学科的教学水平和培养质量。这样培养出的人才既能够为学科的发展提供源源不断的动力，也能够为社会和产业界的创新需求提供更加多样和高水平的人才支持。

综上所述，资源投入与支持是组织调控中至关重要的一环。通过资金、硬件和人才等多方面的资源投入，高校能够更好地激发学科的创新力，提升学科整体水平，实现更为显著的发展溢出效应。

4. 人才培养与团队建设

在组织调控的战略框架下，人才培养与团队建设是推动高校优势学科发展溢出效应的战略性手段。通过有计划的人才培养和团队建设，高校能够吸引、培养和留住国际水平的学科带头人和研究骨干，推动学科的整体水平和影响力的提升。

高校通过组织调控，实施有针对性的人才引进计划，为学科形成强大的研究团队提供了基础。通过引入国际一流的学科带头人，高校得以汇聚全球领军人物的智慧与经验，为学科提供领先的引领和引导。这种引进模式不仅能够为学科注入新的思想和方法，还能够带动学科内部的研究氛围，激发研究人员的潜力。引进领军人物有助于形成学科内部的学术领导力，为学科的长期发展提供战略指引。同时，高校通过重视人才培养，不仅关注领军人物的引进，也注重培养更多具备创新精神和国际视野的研究骨干。这样的研究骨干既是学科内部的支撑力量，又是学科未来发展的潜在引领者。高校可通过设立青年学者培养项目、提供专业发展通道等方式，培育这些研究骨干的创新能力和领导潜力。他们将成为学科发展的中坚力量，不仅在科研方面有所建树，同时也能够在学科内部形成良好的学术氛围。团队建设是推动学科协同创新和知识溢出的有效手段。通过组建具有协同合作意识和创新能力的研究团队，高校不仅能够在学科内部形成更为紧密的合作网络，还能够促进学科带头人与团队成员之间的密切合作。这有助于推动学科内部知识的共享和传递，形成更为有效的学科发展体系。团队建设也有助于形成学科内部的协同创新机制，通过集体的力量推动学科走向更高水平。高校还可以通过建立国际化的人才培养机制，将国际一流高校的学科建设理念引入到学科内部。通过组织国际交流、合作项目等方式，高校能够培养学科带头人和研究骨干的国际竞争力，同时吸引国际高水平人才的加盟。这种国际化的人才培养机制有助于推动学科发展迈向国际一流水平，提高学科在全球范围内的学术声望和影响力。

综合来看，人才培养与团队建设是组织调控中的关键环节。通过引入高水平的学科带头人，培养创新型研究骨干，构建协同合作的团队，高校可以更好地发挥学科优势，实现战略性学科发展的溢出效应。

（三）践行有利于优势学科发展溢出的有效组织调控

1. 制定明确的学科规划

组织调控应该制定明确的学科规划，明确学科的发展方向和目标。这有助于引导学科朝着有利于溢出效应的方向发展，确保学科的优势能够最大程度地服务整个行业。在组织调控的框架下，制定明确的学科规划是确保高校优势学科有效发展、实现战略性发展溢出效应的关键一环。通过明确学科的发展方向和目标，高校可以更有针对性地进行资源配置和组织管理，以最大程度地发挥学科群的优势。

明确的学科规划是高校发展的基石，通过全面的战略导向，确立学科的长远发展方向。高校可通过对内外环境的深入分析，结合对行业和社会需求的敏锐洞察，制定具有前瞻性的学科规划。这不仅包括对学科发展方向的明确规划，还涵盖了对重点研究领域、培养目标等方面的长期规划。通过这样的规划，高校能够使学科的发展更具有针对性，更好地服务于整个行业和社会的发展需求。明确的学科规划不仅有助于提高学科的整体竞争力，而且在激烈的学科竞争中显得更为突出。规划使学科更具有明确的特色和优势，有助于在同类学科中脱颖而出。高校可以通过规划明确定位学科的特色方向，集中资源进行深度发展，从而形成独特的学科地位，提高学科的国际竞争力。明确的规划使学科能够更好地回应行业和社会的需求，进而在相关领域中树立起更为显著的品牌形象。学科规划同时也是引领优势学科发展溢出效应的战略性工具。规划中明确的目标和方向为组织内部成员提供了统一的认知和合作框架。这有助于在共同目标下形成学科内部团结力量，使学科带头人和研究团队能够更好地协同合作。通过规划引导，学科内部知识传递和交流得以促进，形成更为合理的学科生态系统。这种高效的系统性协同有助于推动学科的整体发展，为优势学科发展的溢出效应提供了战略性支持。

综合而言，制定明确的学科规划是组织调控的战略性手段，有助于引导学科朝着有利于优势学科发展溢出效应的方向发展，提高学科的竞争力和战略影响力，实现战略性的学科发展溢出效应。

2. 合理配置资源

在实现学科发展溢出效应过程中，合理配置资源是组织调控的战略性选择。资源的充分利用和合理配置直接影响到学科的创新能力和发展溢出效应的发挥。

财政经费作为资源配置的核心，对于高校学科的发展起到了关键性的支持作用。科学合理地制定财政经费的使用计划，可以确保学科发展有足够的资金支持。这涉及将经费有针对性地投入到关键研究项目、人才引进与培养、实验室建设等方面。通过精准的经费配置，高校能够提高学科的科研水平和整体竞争力，为下游的学科发展创造更为有利的条件。实验设备和科研平台的建设是其中的关键方向，先进设备和平台能够极大地提升学科的研究能力，吸引高水平的研究人才，推动科研成果的产出。通过投资建设具有核心竞争力的实验室和平台，高校可以为学科发展提供强有力的支持，增强优势学科发展的溢出效应。

在资源配置中，人才队伍是最为关键的一环。通过组织调控，高校需要制定合理的引进和培养优秀学科带头人和研究团队的计划，形成具有竞争力的学科团队。激励机制应通过吸引国内外高水平的研究人员，提高团队的国际影响力。同时，内部培养也是必不可少的，为学科发展培养更多优秀的研究骨干，促进学科内的人才流动和知识传递。人才队伍的不断强化是支撑学科发展的重要因素，为优势学科发展的溢出效应提供了持续的智力支持。

有效的战略资源管理机制也是资源配置的关键环节。高校需要建立科学的战略资源管理体系，包括科研项目的策划和管理、人才队伍的梯队建设、资源利用效益的评估等。通过这样的管理机制，高校可以更好地评估和调整资源配置，确保资源的最大化利用。这需要不断改进和优化，以适应学科发展和社会需求的不断变化。在合理配置资源的过程中，高校需要根据学科的特点和战略规划，通过有效的组织调控手段，确保资源的优化配置，以更好地推动优势学科发展溢出效应。

3. 建立学科间协同机制

有效的组织调控应该建立学科间的协同机制，通过搭建学科交流平台、设立跨学科研究项目等方式促进学科间的协同发展。这有助于实现优势学科发展溢出效应。为促进学科发展的溢出效应，组织调控需要注重建立学科间的协同机制，通过促进跨学科合作，实现知识的交叉传播和创新。

搭建学科交流平台是推动协同机制的关键一环。通过组织学术研讨会、学科论坛、专题讲座等形式，为不同学科的研究人员提供丰富多彩的交流和合作机会。这种开放性的平台不仅有助于打破学科之间的壁垒，促进知识的共享和交流，还能够激发学科间的创新潜力，为学科的发展注入新的思路和动力。通过这些交流活动，研究人员能够深入了解其他学科的研究进展，找到合作的契机，从而推动协同机制更好地发挥作用。在协同机制中，设立跨学科研究项目是一种高效的手段。通过设立涉及多个学科领域的研究项目，高校可以鼓励学科间的协同合作，使得不同学科的专业知识能够得以结合和应用。这种跨学科研究项目不仅有助于产生创新性研究，还为学科的发展创造了新的机遇。通过跨学科的协同研究，各学科能够共享不同领域的专业知识，从而形成更为综合和协调的学科体系。

协同机制还可以通过建立学科间的共享资源平台来进一步推动。共享实验室、科研设备、文献资源等，有助于提高学科内部成员的合作效率，促进资源的最优配置。这样的共享机制有助于形成更加协同有序的学科体系，增强学科的整体竞争力。共享资源平台可以为学科提供更便捷的资源获取途径，同时也为研究人员提供更广泛的合作伙伴选择，促进学科内外的资源共享和协同发展。在建立学科间协同机制的过程中，高校需要注重发挥学科带头人和骨干的引领作用，促进学科之间的深度合作。通过这种协同机制，高校可以更好地利用不同学科的优势，推动整个学科体系向着更为系统性的方向发展。

4. 塑造开放与合作的组织文化

组织调控的成功还需要通过塑造一种开放、合作和创新的组织文化，为学科的发展创造良好的氛围。

开放的组织文化在推动协同机制中扮演着关键角色。通过鼓励信息共享和知识传递，组织可以创造一个更加透明、互通有无的学科环境。这种文化有助于打破学科内部的信息壁垒，避免形成信息孤岛，使得学科内部成员更容易获取和应用其他学科领域的知识。通过开放的组织文化，学科内部形成了一个共享资源和经验的平台，从而促进优势学科发展溢出效应的实现，使得学科内部的创新能力和竞争力得到提升。合作的组织文化是协同机制的基础。通过强调团队协作和共同努力，组织可以培养一种鼓励成员共同思考、共同解决问题的文化氛围。这种文化有助于学科内部成员形成更为紧密的团队，共同推动学科内部的知识交流和合作。同时，合作的组织文化也为优势学科与其他学科的合作奠定了基础，促进不同学科间的跨界交流，推动协同创新的发生。创新的组织文化是优势学科发展溢出效应的驱动力。通过鼓励创新思维和接受新理念，组织可以培养出具有创新能力的学科成员。这种文化有助于推动学科走向前沿，吸引更多的学科成员参与到创新性研究中，从而促成更多的创新成果。创新的组织文化激发了学科内部的积极性和创造性，为学科的发展提供了坚实的内部支持，也为优势学科发展的溢出效应创造了更有利的外部环境。

在这样的组织文化引导下，学科成员更容易适应学科间的互动共进，形成更为紧密的合作关系。整个组织将在开放、合作和创新的文化氛围中迎来更为持续的发展。

三、资源保障

资源是学科发展的前提和基础，在优势学科发展溢出过程中，学科资源不但是学科发展溢出的对象，同时也是优势学科发展溢出的前提条件。优势学科发展溢出的资源保障具体可分为学科发展溢出的制度资源、物力资源、人力资源等。学科建设的制度资源提供了学科建设的软环境，在一个良好的制度环境中，其他要素才能够发挥最大的作用，制度与学科发展是否匹配决定了学科发展溢出效益；物力资源提供了学科建设的硬环境，例如学科发展平台、实验实训设备、办公设施等，只有在相应的物质支撑下，优势学科发展溢出才能得以实现。但当物力资源达到一定程度后，其对学科建设的影响会随着资源的增加而呈现递减趋势；人力资源是学科建设最为重要的资源，优势学科发展溢出的主要载体是知识，而知识的载体是教师，教师是学科发展溢出的主要承担者和实施者，实现知识溢出的人才供给则需要良好的软环境和硬环境作为保障。了解优势学科发展溢出过程中如何合理分配资源才能够有效促进知识扩散、鼓励跨学科合作、增加资源共享，从而提升优势学科发展溢出效益。

（一）学科发展的资源依赖①

学科组织不能生产其生存与发展所需要的资源，因此，学科不可避免地要与外界环境发生联系，进行资源交换。组织所需要的资源包括资金、社会合法性、人员、顾客以及技术和物资投入等。学科所需要的资源主要包括经费、合法性和生源。对于学科的建设与发展来说，资源主要包括下拨的学科建设经费、对学科合法性的认定和对学科生源的管控等。为此，我们主要从经费依赖、合法性依赖和生源依赖三个方面来分析学科对资源的依赖。

1. 学科发展对经费的依赖

教育资源最重要的是经费和师资。经费在高等教育发展中占有非常重要的基础地位，离开了经费就谈不上发展。学科建设经费的来源主

① 邢政权，姜华，李欣欣，曹茂甲. 基于资源依赖理论的一流学科发展策略 [J]. 中国高校科技，2020，（Z1）：19–23.

要包括中央专项经费、地方配套学科经费和学校自筹学科经费。其中，中央专项经费和地方配套经费占了学科建设总经费的绝大部分，自筹经费因学科性质和学校水平、地区等不同而呈现较大差异，但总体上所占比例较小。学科的发展需要场地、平台、实验设备等硬件设施，更需要高素质的科研和教学人才。学科建设经费的用途一般为人才引进、购置设备、平台建设和实验室建设等，可以说有了经费就解决了学科发展中人员、技术和物资投入等基础性问题。经费是学科生存与发展的最基础和最重要的物质前提，离开了经费的支持，学科的基础设施建设和人才培养与引进工作都会受到严重影响，甚至会危及学科的生存。因此，学科的发展对经费存在严重依赖。

2. 学科发展对合法性的依赖

资源依赖理论认为合法性也是组织资源的一种。一个组织被认为是合法的，因为它的手段和目的符合社会规范、价值观和期望。合法性不仅本身是一种资源，它还可以为组织的发展带来其他重要资源，如声誉、经费等。学科建设是制度性安排，因此，学科不仅要考虑高深知识的内在逻辑，更应该考虑社会的认知、规范和要求。

社会对学科最直接的认知体现在排名上，即在某些排行榜上排名较靠前的学科可认定为比较有影响力的学科，如 ESI 排名前 1% 的学科。由于“双一流”建设方案、实施办法和加快“双一流”建设的指导意见中都出现“积极采用第三方评价”“参考有影响力的第三方评价”和“重点考察在第三方评价中的表现度”等表述，全球范围的第三方学科评价以及排行榜成为各高校和学科努力和追逐的方向。学科需要努力在这些排行榜中有较为优秀的表现，以满足社会的认知，而至于哪种排行榜最具有参考性，最终还是由管理部门决定。

学科的发展受学科逻辑和社会需求逻辑的共同影响，即学科既要达到相应的学术水平又要满足社会的需求。"双一流"建设方案、实施办法和加快"双一流"建设的指导意见中，对学科发展的学术水平和满足社会发展需求的表述有"进入世界前列""争做国际学术前沿并行者乃至领跑者""学科建设要明确学术方向和回应社会需求""学术探索与服务国家需求紧密融合"等。学科发展既要在学术上有所成就、在国际上具有相当的影响力，又要回应和满足社会发展和国家战略需求，坚持学科逻辑和社会需求逻辑的统一，是学科发展和努力的方向。

学科在一定程度上符合社会的认知、规范与要求，就拥有了一定的合法性，也只有"合法"的学科才能持续享有国家学科建设政策和制度安排所带来的荣誉，以及由此所带来的资金和政策支持。

3. 学科发展对生源的依赖

顾客是组织的重要资源。学科组织的顾客就是学生，尤其是硕士研究生和博士研究生。研究生是科研的有生力量，有很多优秀的科研成果都由研究生和导师合作完成，研究生为学科的发展注入了活力。"双一流"建设方案指出要坚持立德树人，突出人才培养的核心地位；"双一流"实施办法也强调列入拟建设名单的高校编制的建设方案，要以人才培养为核心，优化学科建设结构和布局。同时，"人才培养质量"也是学科评估中重要的一级指标，占有相当大的权重。

研究生是学科发展中的重要资源，没有研究生或者失去优质生源，学科也就丧失了竞争的优势，其发展必定受到限制。我国以计划编制方式对研究生招生规模、节奏和结构进行政策引导与宏观管理。招生计划的基本属性是资源属性，是人力资源与财力资源的量化指标。学科发展水平的提高离不开研究生这一关键性资源，而政府又掌握和管控着研究生的招生计划及分配，所以学科对研究生生源的依赖本质上还是对资源的依赖。

综上所述，学科的发展对经费、合法性和生源等维持自身生存与发展的资源存在巨大的需求，而学科本身无法生产也无法完全控制这些资源。学科只能与环境进行交换以获取资源，而这些资源的决定权基本由政府控制，因此，学科的发展对资源存在严重的依赖。学科对资源的依赖会引起学科的组织惰性，使学科满足于当前的环境，顺从政府对学科发展的管控。然而，对一些要求的服从可能同时意味着对其他要求的违背。这样不但影响到学科的健康长远发展，还会对学科组织的生存产生威胁。因此，必须制定相应的政策对学科组织及其环境进行管理，降低学科对单一资源的依赖程度，以确保学科生存与发展的持续性。

（二）优势学科发展溢出对资源需求

资源的充分供给对于优势学科发展溢出具有至关重要的作用。在人才支撑方面，引进具备跨学科影响力的专业人才是关键一步。这不仅丰富了学科内部的智力资源，还为学科的发展提供了新的思路和动力。同时，充足的资金支持是确保学科持续研究和创新的基础。高水平的实验室设施则直接影响学科的研究能力，为学科发展提供了坚实的技术支持。通过综合利用这些资源，学科能够更好地展现自身实力，推动学科内部的专业化和深度发展，并在与其他学科的合作中产生更为卓越的发展溢出效应。

1. 高水平的人才支撑

实现优势学科发展有效溢出的关键在于拥有高水平且多领域具有影响力的专业人才队伍。这样的团队在优势学科的发展溢出过程中不仅仅是一种必要资源，更是能够在多个学科领域产生深远影响的核心力量。为实现这一目标，学科必须通过引进、培养和留住具有世界级水平的研究者，包括那些在不同学科之间具有跨越性影响的学科带头人和博士研究生。这些研究者在学科内扮演协同创新的推动者角色。他们不仅领导学科内部的前沿研究，还通过推动不同学科领域的协同合作，促进学科内的创新。他们的工作既有助于拓展学科的深度和广度，又能够引领学科在全球范围内取得更高的学术地位。博士研究生们则是学科内部新一代的创新力量，通过接受高水平的培训，不仅为学科注入新鲜的思想，还为未来的学科发展培养更多的领军人才。

为了实现优势学科有效的发展溢出，必须确保人才队伍的充足支持。这包括通过国际化手段吸引世界级研究者，鼓励学科带头人参与全球性的学术合作，以拓宽学科的国际影响力。同时，在本土加强培养和支持高水平的博士研究生，通过建立高质量的研究生培养体系，为学科未来的可持续发展提供源源不断的人才支持。通过构建强大、多元且具备国际竞争力的学科团队，学科能够更好地融合不同领域的专业知识，实现更为广泛和深刻的协同创新。这样的人才队伍既能够在学科内部推动前沿研究的涌现，也更有利于将学科的影响力传递给其他领域，实现全方位的发展溢出，为学科的可持续发展奠定坚实基础。

2. 充足的资金支持

在学科发展溢出的过程中，充足的资金支持为学科形成更具广度和深度的创新提供了可靠的保障。通过提供项目资助，设备更新和科研活动经费，优势学科能够在自身领域内走在前沿，形成引领潮流的研究成果。而在跨学科合作方面，资金的合理配置则使得优势学科能够更好地与其他学科产生协同效应，实现全方位的发展。

首先，项目资助作为资金支持的一个重要方面，为优势学科内部的前沿研究和创新提供了强大动力。学科发展需要不断推动知识的边界，探索新的领域，而这些尖端研究常常需要充足的项目资金。通过项目资助，学科内部的研究者得以在自己的专业领域深耕细作，形成一系列具有国际影响力的研究成果。这些项目不仅推动学科的理论和实证研究不断深入，也为学科在国际学术舞台上树立崭新的形象。其次，设备更新和科研活动经费的充足性是资金支持的另一方面。现代学科的研究往往依赖于先进的实验设备和高效的科研活动。然而，这些设备的维护、更新和科研活动所需的经费是相当可观的。资金充足可以确保学科拥有最先进的工具和技术支持，为学科内部研究者提供更为便捷、高效的科研条件。设备的先进性和科研活动的经费充足性直接影响学科的创新水平和研究能力。

资金的合理配置还可以促进学科更积极地参与跨学科研究和合作。不同学科领域的融合往往是创新的源泉，通过提供充足的资金支持，学科内部能够更好地与其他学科进行合作，形成更为紧密的协同创新网络。资金的流动和交叉使用使得学科内部的专业知识能够更好地融合，促进学科内外知识的共享与传递。

3. 高水平的实验室设施

高水平的实验室设施是推动学科发展不可或缺的支持条件。通过确保实验室设施的先进性和灵活性，学科能够更好地满足研究需求，推动前沿研究和科学创新，吸引更多高水平的研究人才，最终形成更为有效的优势学科发展溢出。

实验室设施的水平直接关系到学科在前沿研究和科学创新方面的竞争力，从而推动学科的不断发展，并在更大范围内产生深远的影响。首先，实验室设施的高水平是支持前沿研究和科学创新的基础。

在学科内部，科研人员通常需要先进的实验设备和仪器来进行复杂的实验和研究。这些设施不仅仅是完成日常实验的工具，更是推动学科向前发展的驱动力。高水平的实验室设施意味着更先进、更灵活的研究条件，使得学科内部的研究者能够更深入地挖掘知识的边界，开展更有深度和广度的研究。其次，实验室设施的更新、升级和建设对于适应新的研究需求至关重要。随着科学技术的不断发展，学科的研究方向也在不断演变。为了保持学科的竞争力，实验室设施需要不断升级和更新，以适应新的研究方向和技术需求。这种灵活性和适应性使得优势学科能够更好地顺应时代的变化，不断保持在科研领域的领先地位。

对于优势学科而言，高水平的实验室设施具有强大的吸引力，能够吸引更多的研究人才加入学科的研究团队。这为学科提供了更广阔的人才基础，推动了学科的多方面发展。

（三）资源保障因素对优势学科发展溢出的作用

资源保障在优势学科发展中发挥着关键作用，具体表现在引领研究方向、协同创新能力以及人才培养与吸引三个方面。首先，通过提供充足的研究经费和实验设备，资源保障能够引领优势学科在研究方向上保持领先地位，推动学科深入探索前沿领域，展开有挑战性的前瞻性研究，为学科发展形成更为深度和广度的溢出效应。其次，资源保障为协同创新能力的培养提供了基础条件。通过共享资源、实验平台共建等举措，资源保障促进了学科之间的良性互动与创新合作，进而推动协同创新的发生，形成学科发展的溢出效应。最后，资源保障对人才培养与吸引发挥着关键作用。高水平的财政经费和实验室设备有助于吸引国内外高水平的研究人才，同时通过引进和培养优秀的学科带头人以及博士研究生，提高了学科团队的整体水平。这种引才、育才的机制为学科形成更具竞争力的人才队伍奠定了基础，为学科发展的溢出效应创造了有利条件。因此，全面的资源保障成为确保优势学科在行业内持续领先、促进协同创新发展以及构建人才优势的不可或缺的支持。

1. 引领方向

充足的人才和实验室设施为优势学科提供了追求前沿研究的条件，使其更有可能在新兴领域取得突破，形成引领性研究方向，进而产生发展溢出效应。

拥有高水平的研究人才意味着学科内部有着丰富的知识储备和研究经验，能够更好地理解和应对复杂的科学问题。这些优秀的研究人才具备不断学习和创新的能力，使得学科能够紧跟甚至引领新兴领域的研究方向。他们的专业知识和创新思维是推动学科走向前沿、实现发展溢出效应的不可或缺的因素。实验室设施的充足和先进性为学科提供了必要的技术支持和研究平台。先进的实验设备和科研工具可以为学科成员提供更广阔的研究空间，支持复杂实验和前沿技术的探索。这不仅有助于提高学科的科研水平，还为学科在新兴领域取得突破奠定了基础。充足的实验室资源还有助于吸引更多高水平的科研人才加入，形成具有活力和创新力的学科团队。这两者共同作用下，学科更有可能在新兴领域取得研究突破，形成引领性的研究方向。这不仅提升了学科的学术地位，更使其在相关领域内具备了竞争优势。学科的卓越表现和引领性研究方向会吸引更多的学者和研究人才加入学科，进一步巩固和提高学科的优势地位。这种成功的学科发展势必产生溢出效应，不仅为整个高校带来声誉和影响力，也为相关产业和社会创新提供了强大的支持。

通过引领研究方向，优势学科的研究成果不仅在学术界具有重要的影响力，还能够渗透到产业界和社会领域，推动科技创新和社会进步。充足的资源保障为学科提供了更广阔的发展空间，使其在引领研究方向上能够更具深度和广度，从而更好地实现了发展溢出效应的推动和传导。

2. 协同创新

资源保障不仅为协同创新能力的培养提供了必要的前提条件，同时也通过促进学科间的合作与创新，推动了学科的全面发展。资源的共享不仅令各学科受益，更为学科发展的溢出效应创造了更为有利的环境，为整个学科体系的健康发展提供了坚实的基础。

资源的充足供给不仅为学科间建立合作关系提供了基础条件，更为学科协同创新提供了强有力的支持。通过共享资源、实验平台共建等举措，学科之间得以形成一种良性的互动关系。这种互动不仅能够弥补各学科在资源方面的短板，更能够在合作中形成相互促进的动力，使得不同学科之间的合作关系更加有力。资源保障在这一过程中充当了协同创新的催化剂，为学科协同创新提供了坚实的基础。

资源的共享为学科间的创新合作提供了更为广泛和深入的基础。共享资源意味着学科可以更容易地获取对方的专业知识、实验设备、研究成果等。这种知识和技术的共享不仅推动了各学科在自身领域内的创新，同时也为跨学科的创新提供了可能性。资源保障在这一过程中不仅是一种支持，更是一种促进学科协同创新深入的动力。通过资源的共建共享，学科之间得以更加紧密合作，实现了创新的跨越与深化。

通过资源的共建共享，协同创新不仅仅停留在学科内部，更能够在学科之间形成发展溢出效应。当不同学科在共同创新中形成的知识和技术成果得以传递、应用，整个学科体系就会在各自领域和交叉领域中产生更为显著的创新效果。这种发展溢出效应不仅推动了各学科自身的发展，也为整个学科生态系统注入了更为丰富的创新动力。资源的充分保障为这一过程提供了稳固的支撑。

3. 引才与育才

良好的资源保障既是吸引国内外高水平研究人才的有效杠杆，也为学科引进和培养优秀的学科带头人以及博士研究生提供了有力支持。这样的资源优势为学科形成更具竞争力的人才队伍奠定了基础，进而为优势学科发展的溢出效应创造了有利条件。

充足的财政经费和优质科研设备是吸引国内外高水平研究人才的重要条件。当一个学科拥有足够的财政支持，能够提供先进的实验室设备和科研资源，必然能够吸引到更多具有优秀研究水平的人才。这不仅包括国内的青年才俊，更包括国际范围内的优秀研究者。资源保障通过提供这些条件，使得学科在人才吸引方面具备更大的竞争力，有利于形成更为活跃和多元的学科生态系统。除了吸引优秀研究人才，充足的资源保障也对学科引进和培养学科带头人以及博士研究生发挥着积极作用。学科带头人通常是学科的引领者，通过他们的带动作用，整个学科团队能够形成更为良好的创新氛围。充足的财政经费和高水平的科研设备使得学科能够更加灵活地引进国内外的学科带头人，从而拥有更为丰富的学科资源和研究方向。同时，通过对博士研究生的培养，学科可以不断注入新的活力和智力，培养出更多的优秀研究者，为学科的持续发展提供了源源不断的人才支持。

这种引才、育才的机制为学科形成更具竞争力的人才队伍奠定了基础。高水平的人才队伍不仅能够提高学科的整体水平，还为优势学科形成发展溢出效应提供了强有力的推动力。在人才队伍的共同努力下，学科能够在不同方向上迅速积累经验、拓展研究领域，形成更为多元和丰富的学科生态系统。这样的人才队伍既是学科内部深度合作的基石，也是学科对外展示自身实力和吸引更多人才的杰出名片。

第八章　我国行业特色高校学科发展溢出效应多案例比较分析

一、案例选择

本部分内容主要采取高校对标的方式对我国某海事类的行业特色高校的优势学科发展溢出效应相关指标进行比较评估，选取挪威科技大学、代尔夫特理工大学、南安普顿大学、南洋理工大学、得州农工大学、查尔姆斯理工大学、伊斯坦布尔科技大学、利物浦约翰摩尔斯大学八所高校作为对标高校。这些高校都是在各自国家内具有较高影响力和显著学科特色的行业性高校，在船舶与海洋工程、交通运输工程这两个学科具有较强竞争力，能够与样例大学形成对照。

（一）案例高校介绍

1. 挪威科技大学

挪威科技大学（Norwegian University of Science and Technology,

NTNU），是坐落在挪威特隆赫姆的一所公立大学，学生人数 4 万余人，为挪威八所大学之一，是挪威全国最顶尖的工程学与工业技术研究中心，也是顶尖的欧洲工业类大学，在欧洲享有极高的声誉，曾被评为欧洲工科大学第七名，是北欧著名理工类大学五校联盟成员之一。其历史可以追溯到 1760 年成立的特隆赫姆学会，该学会于 1767 年受到挪威皇室的认可，进而改名为挪威皇家理工学院（NTH）。1996 年挪威理工学院与特隆赫姆艺术科学学院、自然历史和考古博物馆合并组成挪威科技大学。依据挪威教育与研究部施行的公立大学合并计划，2016 年挪威科技大学与约维克大学学院及奥勒松大学学院合并成为新的挪威科技大学，简称 NTNU。2019 年挪威科技大学总预算 96 亿挪威克朗（约合 10.62 亿美元），其中 27 亿挪威克朗来自外部支持。

由于挪威科技大学为多所院校所合并，其校园分散于特隆赫姆，约维克，奥勒松，共有 13 个校区。其中有最大的两个校区 Gløshaugen（大部分的理工科系位于此）及 Dragvoll（人文与社会科系位于此）。其他的校区包括 Tyholt（海洋科技）、Øya（医学院）、Kalvskinnet（考古学）、Midtbyen（音乐学系）及 Nedre Elvehavn（艺术学系）。

挪威科技大学在挪威理工科院校中排名第一，石油与海洋技术类、生理学与医学、化学工程、电气电子、纳米技术以及生产与质量工程类学科拥有很强的技术和学术实力，属世界一流；临床医学、工程学、分子生物学与遗传学、化学、神经系统学等 17 个学科进入 ESI 前 1%。挪威科技大学的计算机学院也拥有很强的实力，FAST 企业级搜索引擎就诞生在这里。2012 年，挪威首相斯托尔滕贝格为挪威科技大学的新成立的大脑研究中心剪彩，而此研究中心是最大的大脑研究中心之一。挪威科技大学还注重前沿技术的发展，比如纳米技术，生物技术等，并建立了相应的使能技术研究机构，如 NTNU Nano，NTNU Biotechnology, NTNU Energy 等。学校建有 700 多平纳米加工平台的超净间，配有先进的纳米加工设备，包括电子束光刻机，聚焦离子束刻蚀机等，同时还与冰岛，丹麦，瑞典，芬兰等国家共同建立北欧五国纳米共享平台（Nordic Nanolab Network, 简称 NNN）以促进国际之间在微纳加工领域的合作与交流。

2. 代尔夫特理工大学

代尔夫特理工大学（Delft University of Technology，TUD）位于荷兰代尔夫特市，校园总面积 161 万平方米，学生 24000 余人。它由荷兰国王威廉二世始建于 1842 年 1 月 8 日，时名“皇家工程学院”。1905 年 5 月 22 日更名为代尔夫特高等技术学院，由此成为一个学术和教育机构，在此期间学生人数大约有 450 人，起初学校建筑都坐落在代尔夫特市中心，20 世纪中叶被分化到了专门的大学区域。1985 年 9 月 5 日学校依从安排，正式更名为代尔夫特理工大学。

代尔夫特理工大学是荷兰历史最悠久、规模最大、专业涉及范围最广的理工大学。其专业几乎涵盖了所有工程科学领域，是世界顶尖理工大学之一，航空工程、船舶工程、电子工程、水利工程、卫星遥测工程等学科在世界上具有领先地位和卓越声望，其中工程学、材料科学、化学、物理学、地球科学、环境科学与生态学等十个学科进入 ESI 前 1%。该校与意大利米兰理工大学、瑞典查尔姆斯理工大学、瑞士苏黎世联邦理工学院、德国亚琛工业大学构成了 IDEA 联盟。代尔夫特理工大学高品质的教学、科研水准在荷兰国内和国际上都具有极高的知名度，得到包括美国工程技术学会（American Board of Engineering and Technology）在内的许多国际技术组织的认可。该校每年有 185 名学生获得博士学位，有近 4000 篇论文在各类专业期刊上发表。治学严谨、注重基础理论和应用技术研究，探讨最新前沿科学理论已成为该校教学和学术研究的主导思想。

3. **南安普顿大学**

南安普顿大学（University of Southampton）位于英国南部港口城市南安普顿，是久负盛名的英国顶尖学府，世界百强名校和罗素集团创始成员，世界大学联盟成员以及 SES（Science and Engineering South Consortium）成员。其前身为创建于 1862 年的哈特利学院，后于 1902 年成为附属于伦敦大学的一所学院，1952 年获得英国皇家特许状，正式成为南安普顿大学，这也是伊丽莎白二世女皇在登基后为高校授予的第一个皇家特许状。该校教学实力雄厚，发展稳固，积极与发达和发展中国家的一流院校建立教育联系，现已发展成为一所拥有 7 个校区、容纳两万多名学生的国际性院校，且在多项高校排名中名列英国前 20 位。

南安普敦大学是英国唯一一所每个工程部门接收到 5 星级研究评等的高校，其中机械工程（Mechnical Engineering）学院、航空太空工程（Aerospace Engineering）学院、海事工程（Marinetime Engineering）学院、资讯（Computer Science）与电机工程（Electrical Engineering）学院等在卫报的排名上始终名列前茅。此外，南安普敦大学在诸多相关科学领域上亦表现不俗，在数学统计及运筹科学（Statistics & Operational Research）和企业分析与管理科学（Business Analytics & Management Sciences）等相关领域分别在 2020 年 QS 世界排名位居世界 51 名与世界第 37 名；听觉与口腔科学（Aural & Oral Sciences）在 2020 年英国卫报的大学评比位居全英国第 1 名。人文社会与一般商业领域中，哲学系（Psychology）于 2020 英国大学指南中，排名全英第 1 名；市场营销学（Marketing）于 2020 年英国大学指南排名评比全英第 3 名；社会政策学系（Social Policy）于 2017 年泰晤士高等教育世界大学排名评比全英第 6 名。护理学系（Nursing）于 2015 年泰晤士高等教育世界大学排名评比全英前 5 名。目前南安普顿大学有工程学、材料科学、化学、物理学、地球科学、环境科学与生态学等 19 个学科进入 ESI 前 1%。

4. 南洋理工大学

南洋理工大学（Nanyang Technological University，NTU），位于新加坡西南部，占地 200 公顷，学生 33500 人。该校创办于 1981 年，其前身为 1955 年由民间发动筹款运动而创办的南洋大学（1980 年，南洋大学整体并入新加坡国立大学）。1981 年，新加坡政府在南洋大学校址成立南洋理工学院（Nanyang Technological Institute，NTI），为新加坡培育工程专才。1991 年，彼时还是一所教学型大学的南洋理工学院进行重组，将国立教育学院（National Institute of Education，NIE）纳入旗下，更名为南洋理工大学（Nanyang Technological University，NTU），与快速发展的教育事业齐驱并进。2006 年 4 月，NTU 正式成为自治的非营利企业。

南洋理工大学是一所商科和工科并重的综合类大学，共有 4 个大的学部（college）12 个学院（school）组成。工学部致力于科技的创新，并享誉国际；理学部的生命科学研究在新加坡处于领先的地位；南洋商学院提供世界上最好的商业管理课程之一；文学部设有新加坡第一个艺术学院、人文与社会科学学院及黄金辉传播与信息学院；黄金辉传播与信息学院是亚洲最好的传播与信息学院之一。在 2020 年 QS 世界大学排名中，南洋理工大学名列全球第 11 名，亚洲第 1 名；在 2019《美国新闻与世界报道》（US News & World Report）世界大学排名中名列全球第 49 名，亚洲第 2 名；在 2020 年英国泰晤士高等教育世界大学排名中名列全球第48名。2020年，南洋理工大学的化学、材料科学、工程、物理学、计算机科学、生物学和生物化学等17个学科进入ESI前1%。南洋理工大学的愿景和使命是创新高科技，奠定全球性卓越大学；全方位教育，培养跨学科博雅人才。

5. 得州农工大学

得州农工大学（Texas A&M University，简称A&M或TAMU，又常译作“得州农业大学”）位于美国得克萨斯州大学城，面积5200英亩，在校生七万余人（含非全日制学生）。该校创建于1876年，成立时名为得州农业与机械学院（The Agricultural and Mechanical College of Texas），为全球顶尖工程学府，更是得州第一所高等教育学府。学校创立初期是一所全男性的军校，1963年改制为得州农工大学，1965年废除军校必修制，并开始招收女生，但仍为美国六所高级军事院校之一。如今在全校近七万名学生中，约男女各半，其军校传统的学员团，约占学生总人数十分之一。学校主要由三个校区构成，其中位于大学城的主校区拥有超过64000名学生（含非全日制学生）。另外在得克萨斯州加尔维斯顿和卡塔尔的分校有5200人，得克萨斯A & M加尔维斯顿分校是一所专门为海洋和海洋研究提供科学，工程和商业以及与海洋资源领域相关的研究、本科和研究生教育的机构。该机构由得克萨斯A & M大学系统董事会管理和控制，学位课程以大学城得克萨斯A & M大学的名义提供。

得州农工大学致力于在广泛的学术和专业领域发现、开发、交流和应用知识。该校拥有较高的学术知名度，人类史上第一只克隆猫、克隆狗都是该校的研究成果。依据美国新闻与世界报导等世界权威性学术评鉴机构的排名，得州农工大学为世界百大名校之一，2016年US Ness排名中，该校的石油工程与农业工程分别为全美第二以及第四，包括航天、机械、土木、工业工程等许多工程领域皆能排进全美20强，化学、物理学、工程、临床医学、分子生物学和遗传学、生物学和生物化学、材料科学等20个学科进入ESI前1%。

6. 查尔姆斯理工大学

查尔姆斯理工大学（又称：查尔莫斯理工大学，查尔莫斯工学院等，英文：Chalmers University of Technology，瑞典语：Chalmers tekniska högskola，简称：Chalmers或CTH），位于瑞典第二大城市哥德堡，成立于1829年，是一所以工程技术、自然科学和建筑学等学科教育与研究为主旨的瑞典理工大学。查尔姆斯理工大学与欧洲多所顶尖理工大学共同组成著名的IDEA联盟。

瑞典全国大约40%的工程师和建筑师都是该校毕业生，是瑞典就业率最高的大学。该校拥有强大的环境科技、信息技术、纳米技术、生物工程、汽车工程与建筑学系，是欧洲著名的研究型大学；其中化学、物理学、工程学、材料科学、生物学与生物化学、环境科学与生态学等11个学科进入ESI前1%。他们的愿景是将研究热情与工程、建筑、数学和自然科学教育的悠久传统相结合，从探索的乐趣和学习新知的渴求中激发灵感。他们的使命是开展研究，提供技术、科学、航运和建筑方面的教育，将可持续发展的未来作为其全球性战略，学校所做的一切是为了对瑞典和世界的可持续发展有所裨益。

7. 伊斯坦布尔科技大学

伊斯坦布尔科技大学（Istanbul Technical University，ITU）是位于土耳其伊斯坦布尔的一所理工类大学。其历史可追溯至奥斯曼帝国苏丹穆斯塔法三世（Sultan Mustafa Ⅲ）统治时期，是世界上第三古老的理工大学。1773年，匈牙利人BarondeTott成立“帝国造船工程师培训学校”（Houseof the Imperial Naval Engineers），这就是伊斯坦布尔科技大学的前身。1847 年，这所学校新增了一套建筑课程，奥斯曼帝国时期最重要的建筑师就从这里孕育而出。1909 年，土木工程师和建筑师们在这里接受专业教育。同一年，这所学校开始培训军事人才。土耳其共和国成立之后，学校课程被全面更新，建筑、铁路、道路和建设领域的培训得以继续，这一时期学校命名为“工程学校”。20 世纪 40 年代，学校配备了外国学术教学人员，开始在世界占有一席之地，也是从这个时期开始，这所大学正式得名“伊斯坦布尔科技大学”。现在的伊斯坦布尔科技大学为学生提供技术领域的专业教育，是世界上最重要的教育机构之一。

该大学在伊斯坦布尔市有 5 个校区，下设 12 个学院（建筑学院、造船与海洋知识学院、设计学院、机械学院、矿业学院、纺织科技与设计学院、化工学院、飞机与航空知识学院、管理学院、科学与人文学院、航海学院、电子与电器学院）、5 个研究所、2 个培训学院。其愿景是通过其在科学、技术和艺术方面的专业知识和创造力，成为一所领先的国际大学，其中物理学、化学、工程学、地球科学、材料科学、环境科学与生态学、农业科学、计算机科学 8 个学科进入 ESI 前 1%。

8. 利物浦约翰摩尔斯大学

利物浦约翰摩尔斯大学（Liverpool John Moores University，LJMU）是坐落于英国利物浦的一所综合性大学，起源于 1823 年成立的利物浦技术学院，最初为小规模的工学院。经过数百年的成长融合，合并不同的院校，在 1970 年成为利物浦理工学院。在 1992 年英国政府颁布的《继续和高等教育学法案》的推动下该校升格为大学，并以利物浦约翰摩尔斯大学作为新的名字。作为一所拥有 200 年历史的教学研究型大学，它是英国北方大学联合会的初始成员之一。约翰摩尔斯大学与比邻的利物浦大学在研究和教学上开展了一系列紧密的合作，在科研方面有空间科学、临床医学、社会科学总论、工程学、药理学和毒理学、植物学与动物学6个学科进入ESI前1%，教学方面开展了包含语言学、空间物理、计算机科学、数学、教育学在内多个领域的本科及研究生联合培养项目。

利物浦约翰摩尔斯大学是一个雄心勃勃的、具有前瞻性的机构，它挑战传统，充满激情地相信“一所大学”（One University）的概念，即构筑一个在明确的战略范围内共同努力实现以学生为中心的目标的团体。该校的发展愿景为建设成为21世纪的挑战提供解决方案的现代城市大学。该校的价值观包括转化、创新、精益求精、合作、领导力、团队六个方面。具体来说，转化即为相信教育能够推动跨越社会、文化和经济边界的变革；创新即具有创新精神和进取精神，创造性地思考新的做事方法；精益求精是该校所做的每一件事争取最高的标准；通过合作，能够取得强有力和持久的成果；领导能力即相信领导前进，挑战约定俗成的惯例并且开辟新的道路；相信分享专门知识的力量，相信人们能够以共同的目标走到一起。该大学的使命是为人民和社区服务，无论是在国内还是在更远的地方，丰富人民的生活，成为利物浦的支柱机构。

（二）优势学科对比

8所对标高校均具有较高的学术声望和学科特色，在船舶与海洋工程和交通运输这两个学科具有较强竞争力的高校，能够形成对照（表8-1）。

表 8-1　对标高校优势学科排名信息表

学校名称	国家	软科排名	船舶与海洋工程学科排名（软科）	交通运输工程学科排名（软科）
挪威科学技术大学	挪威	101-150	2	101-150
代尔夫特理工大学	荷兰	151-200	8	6
南安普敦大学	英国	101-150	24	24
南洋理工大学	新加坡	73	25	8
得州农工大学	美国	151-200	31	101-150
查尔姆斯理工大学	瑞典	301-400	42	42
伊斯坦布尔科技大学	土耳其	801-900	34	——
利物浦约翰摩尔斯大学	英国	701-800	——	76-100

注：以上数据源自 2021 软科排名

二、优势学科发展溢出情况比较

（一）优势学科发展溢出情况

优势学科发展的溢出效应表现为知识扩散和交叉，从学科知识的交叉辐射情况可以对学科发展溢出情况进行分析。

1. 船舶与海洋工程学科发展溢出情况

通过对各高校近十年船舶与海洋工程学科论文发表情况可以发现，对标高校在该专业上的学科交叉度普遍较高，南洋理工大学相互交叉超过 10% 的学科有 42 个，代尔夫特理工大学有 32 个，南安普顿大学有 23 个（图 8-1）。八所高校中，受到船舶与海洋科学辐射作用最明显的是土木工程、海洋科学和机械工程。

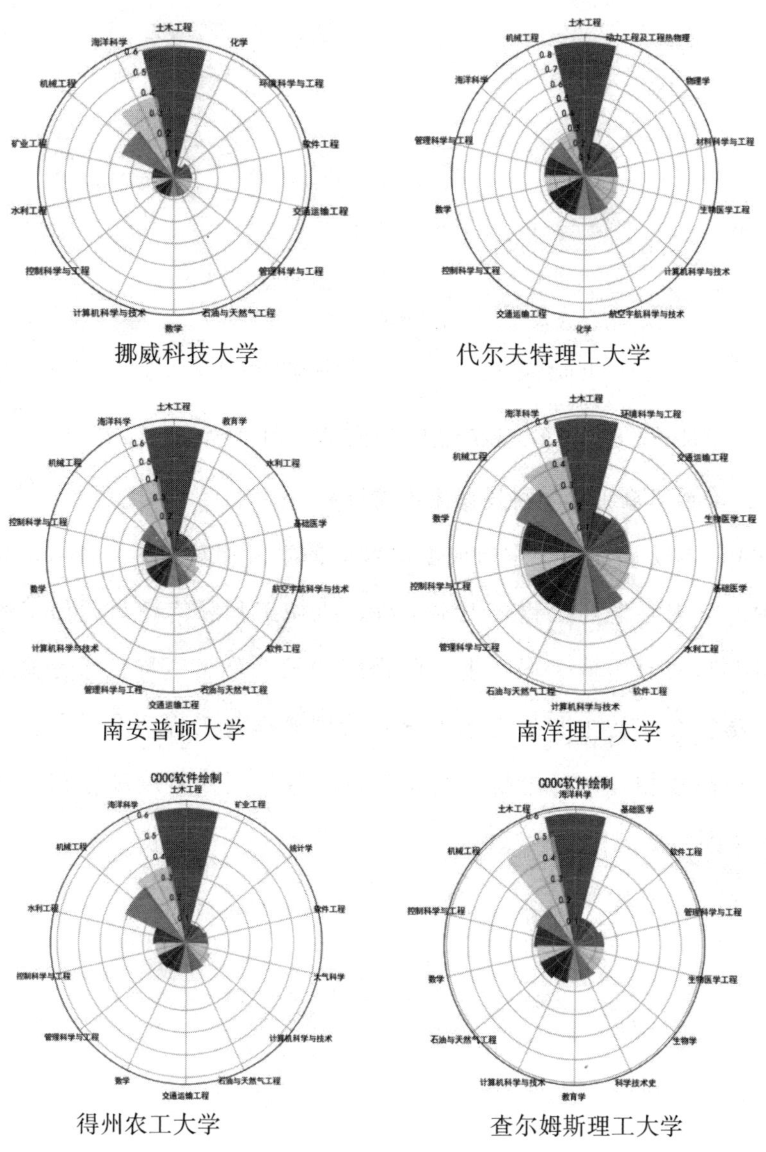
土木工程
化学
环境科学与工程
软件工程
交通运输工程
管理科学与工程
石油与天然气工程
数学
计算机科学与技术
控制科学与工程
水利工程
矿业工程
机械工程
海洋科学
挪威科技大学
土木工程
动力工程及工程热物理
物理学
材料科学与工程
生物医学工程
计算机科学与技术
航空宇航科学与技术
化学
交通运输工程
控制科学与工程
数学
管理科学与工程
海洋科学
机械工程
代尔夫特理工大学
土木工程
教育学
水利工程
基础医学
航空宇航科学与技术
软件工程
石油与天然气工程
交通运输工程
管理科学与工程
计算机科学与技术
数学
控制科学与工程
机械工程
海洋科学
南安普顿大学
土木工程
环境科学与工程
交通运输工程
生物医学工程
基础医学
水利工程
软件工程
计算机科学与技术
石油与天然气工程
管理科学与工程
控制科学与工程
数学
机械工程
海洋科学
南洋理工大学
COOC软件绘制
土木工程
矿业工程
统计学
软件工程
大气科学
计算机科学与技术
石油与天然气工程
交通运输工程
数学
管理科学与工程
控制科学与工程
水利工程
机械工程
海洋科学
得州农工大学
COOC软件绘制
海洋科学
基础医学
软件工程
管理科学与工程
生物医学工程
生物学
科学技术史
教育学
计算机科学与技术
石油与天然气工程
数学
控制科学与工程
机械工程
土木工程
查尔姆斯理工大学

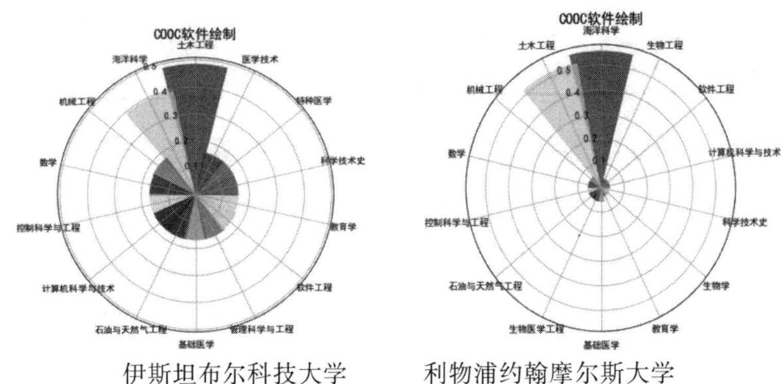

图 8-1　各高校船舶与海洋工程学科发展溢出情况

2. 交通运输工程学科发展溢出情况

能够与交通运输工程形成溢出效应的学科相对较多，在八所高校当中，管理科学与工程、土木工程、机械工程、信息与通信工程等学科都与交通运输工程产生不同程度的发展溢出。与交通运输工程产生学科交叉的主要是土木工程和管理科学与工程两个学科，与其他对标高校相比，无论是从交叉学科的数量还是程度都存在明显的差距（图 8-2）。

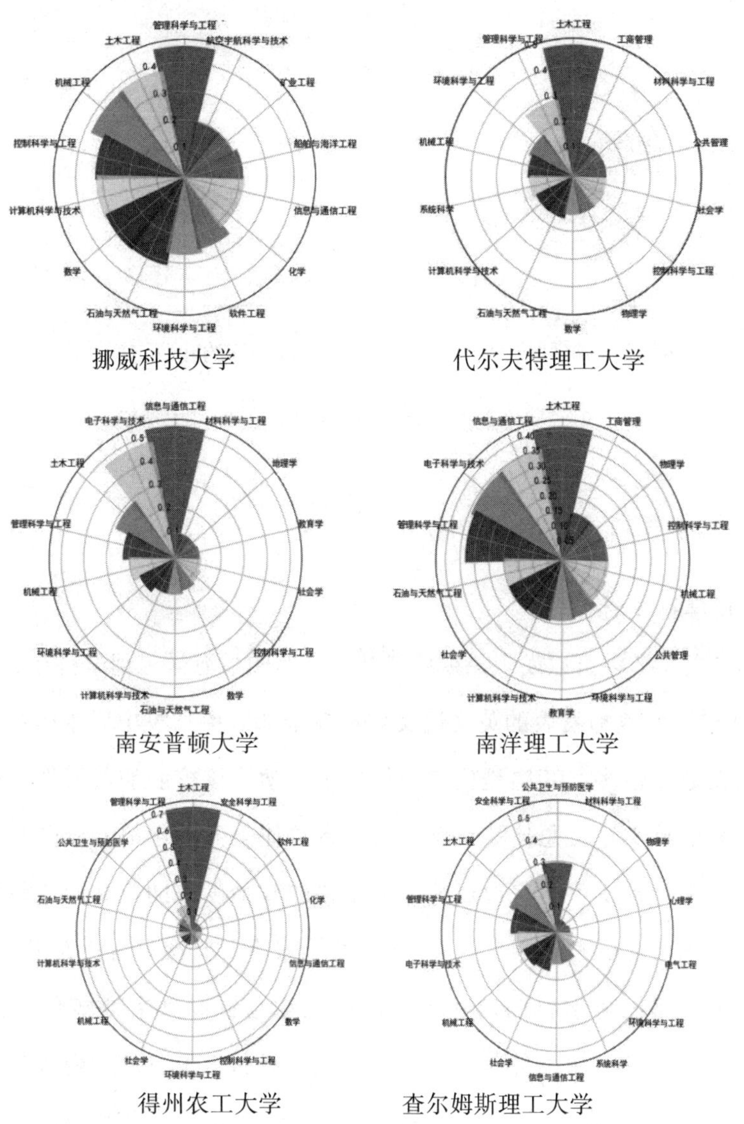

挪威科技大学　　代尔夫特理工大学

南安普顿大学　　南洋理工大学

得州农工大学　　查尔姆斯理工大学

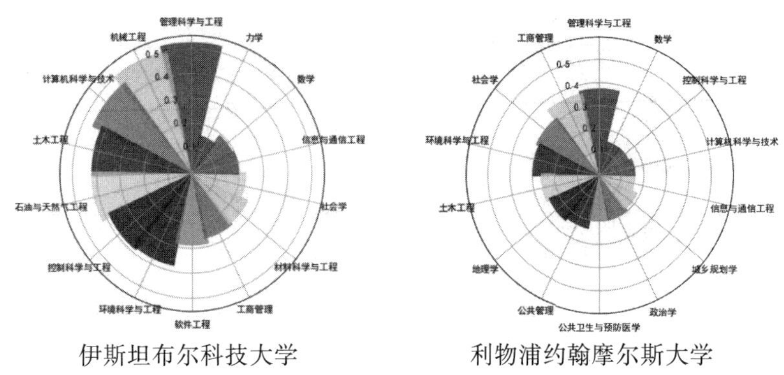

图 8-2　各高校交通运输工程学科发展溢出情况

（二）学科建设情况对比

1. 学科发展

在图 8-3 中可以发现，挪威科技大学船舶与海洋工程学科在 2010-2019 年间的教师发表的英文论文数量在全部对标高校中居于榜首，总体发文数量最多；其次是代尔夫特理工大学，该校船舶与海洋工程教师发表的英文论文总体呈波动状态，有总体上升的趋势。从图 8-4 可知代尔夫特理工大学交通运输工程学科的教师发表的英文论文数量在全部对标高校中居于榜首，总体发文数量最多，其次是得州农工大学。

在当前优势学科的对比上，国内大学与国际知名高校的差距并不大，甚至能够超出部分学校。但是从发展历程上看，国内大学的优势学科主要是最近几年的发展较快，在政策调节下取得了较好的发展效果，但是由于历史积淀不足，短时间内并没有将自身的优势扩散出去，没有充分的发挥优势学科发展的溢出效应，因此在整体上仍然落后于这些对标高校。

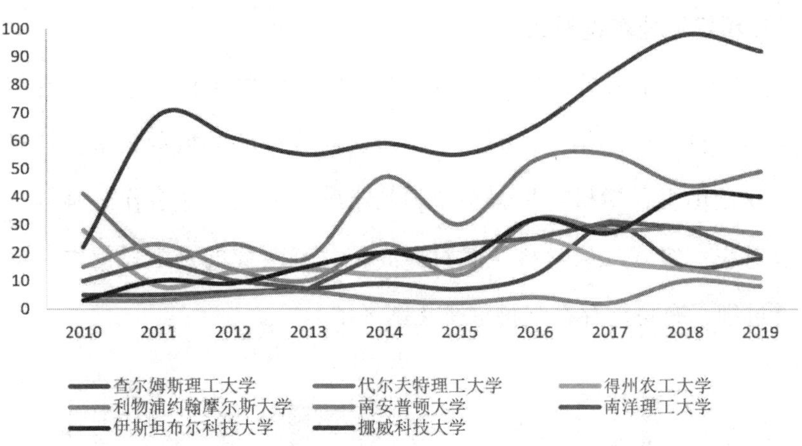

图 8-3　各对标高校船舶与海洋工程 2010—2019 年英文论文发表数量

注：本图表数据来源于科睿唯安 incites 数据库，以“中国一级学科（China SCADC Subject 96 Narrow）”为学科划分口径，统计各对标高校的船舶与海洋工程在 2010—2019 年 10 年间的英文论文发表情况。

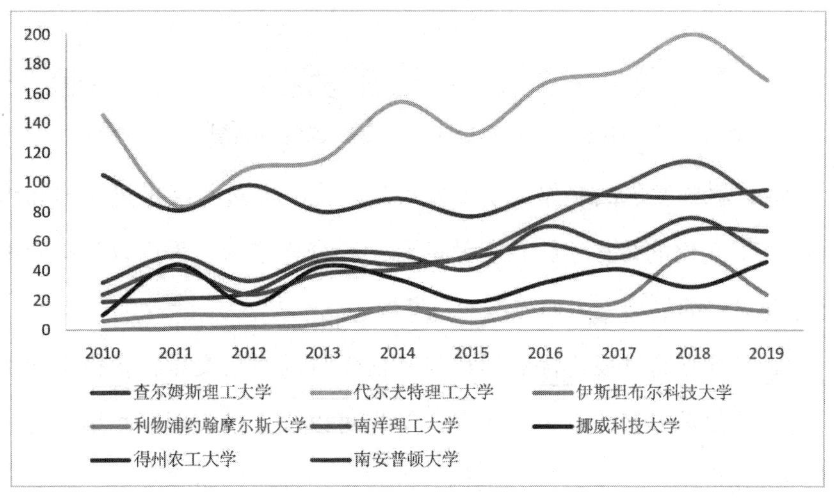

图 8-4　各对标高校交通运输工程 2010—2019 年英文论文发表数量

注：本图表数据来源于科睿唯安 Incites 数据库，以“中国一级学科（China SCADC Subject 97 Narrow）”为学科划分口径，统计各对标高校的交通运输工程在 2010—2019 年 10 年间的英文论文发表情况。

2. 组织调控情况对比

就学院数量来看，各对标高校在学院一级的单位当中，都有相对齐全的学科上中游架构，而且系、所、研究中心的数量较多。与对标高校相比偏多，学科容量偏小，不利于学科间的交流合作。学科层次一般对应一级或二级学科，而对标高校一般对应的是学科门类，学科分类过细，有可能存在学科壁垒（图 8–5）。

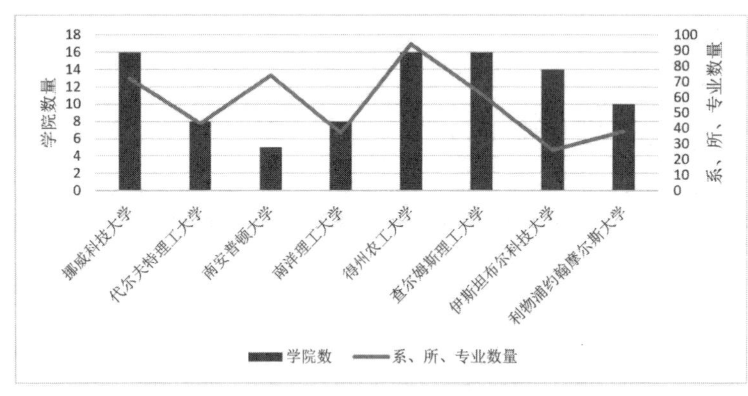

图 8–5　各高校学院与专业数量对照图

将跨学科发展战略作为主要发展增长点，通过积极推进协作和跨部门共享文化的传播，构建有效的跨学科合作平台，采用以学科间相互融合为主的战略方式加强跨学科发展。

学校需要通过强化优势学科与其他学科的战略安排，积极推动跨学科人才培养和科学研究。为此，学校可以成立虚实职能相结合的跨学科研究生院、跨学科研究机构，以及专门设立的研究中心、研究所和研究实验室等。这一系列的机构设立不仅可以有效打破了传统学科的界限，也为学科之间的深度合作提供了有力的组织支持。在科学研究方面，学校通过激励政策吸引教师和研究生积极参与跨学科研究促进学科间的融合与协同，为卓越人才的培养和科学研究的突破创造了良好的条件。例如将教师职称晋升考核对跨学科研究成果增加权重。

凡申请并获得跨学科研究项目的博士研究生都能获得学校相应的奖学金，各研究中心和导师根据项目情况给予一定额度的费用资助等方式。

2. 机构合作情况对比

从机构合作情况来看，国家科学研究所中心、加州大学系统两个机构与各国外对标高校合作较为频繁。查尔姆斯理工大学、伊斯坦布尔科技大学两所高校的国外合作机构数量已达七八所，位列对标高校前两位（表 8–2）。

表 8–2 各高校主要合作机构情况

高校	主要合作机构（前十）	国外机构数量
南安普顿大学	伦敦大学、英国国家海洋学中心、伦敦大学学院、牛津大学、伦敦帝国理工学院、英国南安普顿大学医院 NHS 基金会信托、法国国家科学研究所中心（CNRS）、剑桥大学、美国加州州立大学、布里斯托大学	2
代尔夫特理工大学	乌得勒支大学、莱顿大学、埃因霍温科技大学、荷兰国家应用科学研究院、鹿特丹伊拉斯姆斯大学、阿姆斯特丹大学、法国国家科学研究所中心（CNRS）、阿姆斯特丹自由大学、特温特大学、伊拉斯莫斯世界计划（EM）	1
挪威科技大学	奥斯陆大学、挪威科技工业研究所、卑尔根大学、北极特罗姆瑟大学、哥本哈根大学、挪威卑尔根豪克兰大学医院、卡罗林斯卡学院、加利福尼亚大学、挪威奥斯陆大学国家医院、法国国家科研中心（CNRS）	4
南洋理工大学	科学技术研究局（ASTAR）、新加坡国立大学、国立新加坡教育学院、中国科学院、麻省理工学院、新加坡制造技术学院、新加坡材料研究所（IMR）、新加坡信息通信研究所（IR）、加利福尼亚大学、法国国家科学研究中心（CNRS）	4

续表

高校	主要合作机构（前十）	国外机构数量
得州农工大学	得克萨斯农工大学卡塔尔分校、得州农工大学兽医与生物医学学院、得克萨斯农工大学健康科学中心、俄亥俄州立大学、得克萨斯大学奥斯汀分校、威斯康星大学麦迪逊分校、萨皮恩扎罗马大学、杜布纳联合核研究所、核电研究所（INFN）、得州农工大学科珀斯克里斯蒂分校	2
查尔姆斯理工大学	哥德堡大学、哥德堡大学国家科学研究中心、马克斯－普朗克学会、皇家墨尔本理工大学、德国亥姆霍兹联合会、丹麦技术大学、乌普萨拉大学、俄罗斯国家科学院、中国科学院、加利福尼亚大学	7
伊斯坦布尔科技大学	土耳其海峡大学、法国国家科学研究中心（CNRS）、德国亥姆霍兹联合会、中东技术大学、加利福尼亚大学系统、美国能源部、芝加哥大学、俄罗斯国家科学院、罗马大学、最高科研理事会（CSIC）	8
利物浦约翰摩尔斯大学	利物浦大学、马克斯－普朗克学会、国家天文学家协会、伦敦大学、法国国家科学研究中心（CNRS）、欧洲南方天文台、加利福尼亚大学系统、西澳大利亚大学、剑桥大学、曼彻斯特大学	5

注：数据来源于Incites数据库，数据采集时间为2020年6月，由大连理工大学学科评价中心收集整理。

三、发展规划对比

战略规划（Strategic-plan）是高校的行动指南，是各个高校为自身发展所描绘的蓝图，在各个高校的发展中扮演着纲领的角色，指导着各个高校的发展方向和未来工作重点。这部分内容主要对各对标高校的战略规划情况进行分析，主要包括战略规划内容和主要战略方向。

（一）各高校战略规划内容

近几年各对标高校纷纷出台了相关政策文件，对学校未来的发展路线进行规划，通过这些规划的内容不但能够更清晰的理解各高校的发展理念和发展思路，同时也能够从中获取发展策略方面的经验和启发，因此下面从愿景、目标、内容、具体实施方式四个方面对各对标高校的发展战略进行简要介绍。

1. 挪威科技大学

为了实现“通过知识创造一个更美好世界”的愿景，《挪威科技大学 2018—2025 年战略规划》将学校的发展目标确定为四个方面，第一，营造最佳的教育和学习环境；第二，营造良好科研环境，提高科研质量；第三，强化合作，提高国际化程度；第四，推进跨学科发展（表 8-3）。

表 8-3　挪威科技大学战略规划内容

愿景	通过知识创造一个更美好的世界
目标	1. 营造最佳的教育和学习环境。 2. 营造良好科研环境，提高科研质量。 3. 强化合作，提高国际化程度。 4. 推进跨学科发展。
内容	1. 国际化发展：提高国际优秀毕业生教育质量，营造良好学习环境。 2. 跨学科发展：培养优秀的研究人员、营造良好的研究环境、组织质量改进以及进行跨学科研究来推进科学研究发展。 3. 校园文化建设：通过校园内的福利服务和志愿活动，营造学习环境。 4. 数字化发展：学生和教职员工可以使用面向用户需求与未来的数字服务。

续表

愿景	通过知识创造一个更美好的世界
具体方式	1.通过国内外的合作，给学生提供了一系列与终身学习相关的计划，并通过系统有效的评估和跟进来提高教育质量。 2.推进基础研究与应用研究之间的紧密互动的优势，利用跨学科优势为国际领先的研究人员提供支持。促进大学基础设施的共享使用和基础架构的共置，保障外部资金来源的高效利用率，开放地提供研究结果和研究数据，保持博士教育的高国际水准。改善高层学术职位的性别平衡，将学生和教职员工聚集在同一学科领域，创造了跨学科互动机会。 3.根据研究和经验建立特定的工作区和学习环境，加强学生志愿者活动，开发可持续技术解决方案。 4.启动数字化计划，以支持集成的标准化程序和工作流程，以满足对信息安全，紧急响应能力和隐私保护的需求。

为了实现这些目标，挪威科技大学采用了国际化发展、跨学科发展、校园文化建设、数字化发展的模式。为了营造最佳的教育和学习环境，挪威科技大学通过国内外的学术环境合作，给学生提供了一系列与终身学习相关的计划，所有学习计划都包含对科学文献的批判性反思和伦理学洞见。学生在量身定制的学习环境中参与内容和学习过程的开发，使他们能够采用刺激性和多样化的方法进行学习和评估，并促进接受终身教育，积极推进学生参与研究。其次，培养优秀的研究人员、营造良好的研究环境、组织质量改进以及进行跨学科研究来推进科学研究发展，加强国际合作从而增强在国内和国际上的竞争力，利用跨学科优势为国际领先的研究人员提供支持，促进大学基础设施的共享使用和基础架构的共置，保障其高效的利用率。第三，通过校园内的福利服务和志愿活动，创造学习环境，改善高层学术职位的性别平衡，将学生和教职员工聚集在同一学科领域，创造跨学科互动机会，根据研究和经验建立工作区和学习环境。最后，学生和教职员工可以使用面向用户需求与未来的数字服务，通过强大的系统满足对

信息安全，紧急响应能力和隐私保护的需求。

在提高科研质量方面，挪威科技大学积极与已建立业务合作的机构开发新业务。加强与已建立的企业和公共部门的长期合作，以提高创新能力；增加员工和学生的创新；商业化项目和初创企业的数量，对学生进行创新培训。加强技术和科学的传播；在国内和国际上提高本校的知名度。确保 NTNU 的研究成果对个人和社会公开，激发儿童和年轻人对科学和创新的兴趣和理解。这种传播与沟通工作不仅能够增强学校声誉，还能帮助其在国内和国际上招募优秀的员工和学生，吸引国内外企业、公共部门和研究组织进行合作。NTNU 开放并鼓励学术人员选择不同的职业道路，在全球范围内招聘学术人员，重视高素质的行政和技术人员，发挥领导作用，提高员工的技能。

在提高国际化程度方面，挪威科技大学面向国际的学习计划可确保研究的多样性并提高研究质量、积累国际经验和提升对全球问题的洞察力。积极促进学生的交流以及国际学生的融合，参与国际研究的最前沿。广泛的国际联系和专业知识网络使 NTNU 成为全球运营公司的有吸引力的合作伙伴。

在推进跨学科发展方面，挪威科技大学重视并鼓励跨学科研究。NTNU 拥有跨领域的战略研究机构，有助于集中和促进 NTNU 在与社会相关领域中的研究、教育和创新活动，构建有效的跨学科合作的平台。挪威科技大学与企业和公共部门的合作除了满足社会对创新和跨学科技能的需求外，还有助于确保教育和研究的相关性，能够促进学生培养团队合作意识与能力。NTNU 将发展具有国际高水准的艺术作品来继续发展艺术进而推进科学与技术之间的互动，积极为加强艺术在社会和学校中的作用做出贡献。充分利用该校具有的国际公认质量独特的艺术活动和发展平台。此外，还将艺术置于跨学科、社会和国际背景中。

2. 代尔夫特理工大学

为了实现“创造更美好社会”的愿景，2018 年初代尔夫特理工大学提出了未来几年的新战略框架《2018—2024 年战略框架》。该战略是代尔夫特理工大学的高层指南针，为大学各个层面和各个层次的决定提供指导，其战略目标主要包括三个方面的内容：第一，通过教育合作关系来发展和增强未来的科学、技术和设计领导者的专业知识；第二，努力争取世界一流的教育，提高分享技术所获收益；第三，鼓励学生和员工充分利用自己的优势，并为其发展提供支持（表 8-4）。

表 8-4　代尔夫特理工大学战略规划内容

愿景	创造更美好的社会
目标	1. 通过教育合作关系来增强未来的科学、技术和设计领导者的专业知识。 2. 努力争取世界一流的教育，提高分享技术所获收益。 3. 鼓励学生和员工充分利用自己的优势，并为其发展提供支持。
内容	1. 教学改革：为学生提供满意的指导和培训。 2. 区域协同：激励公民、学生和研究人员一同来推进大学的研究。 3. 人才队伍建设：通过将荷兰定位为吸引学术人才的商业环境，从而推进合适本校的候选人和优秀员工的招聘。 4. 工作激励：在各个院系中实行了工作量方法。 5. 国际化发展：与国内外许多机构和组织合作。 6. 校园文化建设：代尔夫特理工大学希望在宜人、生动、公园般的校园中提供一流的教育、研究和创新设施。

续表

愿景	创造更美好的社会
具体方式	1. 与其他大学合作开发模块化组合课程，通过线上、线下的教育进行组合教学。 2. 通过组织黑客竞赛和公民科学项目等活动，构建大学和城市之间宝贵的交流平台。 3. 学校利用数字系统监控招聘全过程。 4. 启动了以不良行为为主题的社会安全培训计划，任命人事监察员，以允许员工和经理讨论工作场所中的问题。 5. 移民与多样性治理中心和港口城市与地区期货研究计划。 6. 营造校园氛围的同时，制定了新的校园策略，包含清晰的财务框架、对未来需求的整体看法和年度审查。通过周期性的报告，定期评估部门和教职员工的优先事项、财务和需求。

为了实现这些目标，代尔夫特理工大学采用了教育改革、区域协同、人才队伍建设、工作激励、国际化发展、校园文化建设的模式。

在教学改革方面，学校通过对学生进行终身教育来推进教学使命的实现，以此来越来越多地为学生提供职业培训，这意味着教育和专业实践之间的关系可以得到扩展。学校调整了教职员工政策，以便为教育领域的职业发展提供更多机会；与其他大学合作，通过线上、线下的方式进行模块化组合教学。

在区域协同方面，学校为了强化大学同社会间的联系提出了维斯塔特计划，即激励并联系公民、学生和研究人员来共同推进代尔夫特的研究，其中包括城市生活问题以及与教育计划科目相关的研究等。此外学校还通过组织黑客竞赛和公民科学项目等活动，构建大学和城市之间的交流平台。

在人才队伍建设方面，学校 2019 年人才招募的重点是通过将荷兰定位为吸引学术人才的商业环境，从而推进适合本校的候选人和优秀员工的招聘，同时采取数字系统监控招聘全过程。学校在各个院系中开发了工作量方法，启动了以不良行为为主题的社会安全培训计划，任命人事监察员，以允许员工和经理讨论工作场所中的问题。此外，学校还提供高效的人力资源支持。在公开会议中考虑了如何增强诚信意识以及员工和学生的角色和职能，并且在2019年制定了“代尔夫特理工大学行为准则”。

在国际化发展方面，代尔夫特理工大学在该地区的联盟中发挥着积极作用，与国内外许多机构和组织合作。包括作为南荷兰省经济委员会（EBZ）合作伙伴、采用新战略联盟、获批移民与多样性治理中心和港口城市与地区期货研究计划、与位于代尔夫特、埃因霍温、特温特和瓦赫宁根的四所技术大学合作、参加全球工程和教育交流。代尔夫特理工大学是许多欧洲大学网络的活跃成员，他不但是欧洲高级工程教育与研究学校会议（CESAER）的创始成员，还是欧洲最大的技术教育机构网络欧洲工程教育协会（SEFI）的活跃成员，此外还隶属于欧洲大学协会（EUA）。

在校园文化建设方面，代尔夫特理工大学希望在宜人、生动、公园般的校园中提供一流的教育、研究和创新设施。制定了新的校园策略，包含清晰的财务框架，对未来需求的整体看法和年度审查。主要发展情况按时间范围排列，通过周期性的过程，可以保证每年重新评估部门和教职员工的优先事项、财务和需求。

3. 南安普顿大学

为了实现“教育质量获得国际认可的同时，成为领先的全球机构”的愿景，南安普顿大学紧紧围绕培养具有自信的全球公民和为世界作出积极贡献的毕业生为目标，不断提高自身声誉，提高其在国内和国际上的排名。它不断创造卓越的成就、营造出色的学生体验来促使优秀申请者的不断增加，并以此获得研究资助者的持续支持以及校友的大力支持（表8–5）。

表 8-5　南安普顿大学战略规划内容

愿景	教育质量获得国际认可的同时，成为领先的全球机构。
目标	培养具有自信的全球公民和为世界作出积极贡献的毕业生
内容	1. 课程改革：一个团队朝着共同愿景努力。 2. 跨学科发展：加强学科之间的融合，以求达到最高质量。 3. 国际化发展：跨越全球市场建立强有力的伙伴关系。 4. 可持续性战略：协调社会、金融和文化环境。
具体方式	1. 学校将吸引来自世界各地的高素质学生，提高他们在所有阶段的学习质量。发挥他们的潜力，争取为世界做出积极贡献。 2. 学校将进行高质量的研究，并通过独特的跨学科方法，专注于应对社会的最大挑战。 3. 通过精选的高价值合作伙伴关系的发展，将其在教育和研究领域的全球影响力带到现实世界。同时将国际化渗透到学术事业以及学校整个运营过程中。 4. 确保大学的行动推进金融、社会和环境的可持续性发展。

为了实现上述目标，南安普顿大学采取了课程改革、跨学科发展、国际化发展和可持续性战略模式。这四部分内容是学校战略成功的核心，也是学校所有战略活动的基础。

在课程改革方面，学校的宗旨是一个团队朝着共同的愿景，一起工作、计划和奋斗。学校将吸引来自世界各地的高素质学生，并为他们提供充满活力和变革性的体验，以使他们发展抱负，发挥他们的潜力，争取为世界做出积极贡献。

在跨学科发展方面，学校将进行高质量研究，加强学科之间的融合。以求通过独特的跨学科方法，专注于应对社会的最大挑战。

在国际化发展方面，学校的国际愿景是成为领先的全球机构，通过精选的高价值合作伙伴关系的发展，将其在教育和研究领域的全球影响力带到现实世界。为了与最优秀的竞争对手竞争，学校将在战略的所有方面都融入国际层面。国际化将渗透到学术事业以及学校整个运营过程中。

在可持续性战略方面，学校始终确保大学的行动可以推进金融、社会和环境的可持续发展。

4. 南洋理工大学

为了实现“将南洋理工大学推向卓越研究的更高峰”的愿景，南洋理工大学主要围绕将南大打造成为一所伟大的全球研究型大学为目标展开（表 8-6）。

表 8-6　南洋理工大学战略规划内容

愿景	将南洋理工大学推向卓越研究的更高峰
目标	将南洋理工大学打造成为一所伟大的全球研究型大学
内容	跨学科发展：通过不同学科联合对地球的可持续发展、环球亚洲、安全社区、健康社会、未来学习等方面进行研究。
具体方式	1. 地球的可持续发展战略方向主要是解决全球可持续发展面临的问题，重点在清洁技术、清洁水、可替代能源、城市系统和地质风险等领域。 2. 安全社区战略方向主要是针对信息技术运用带来的安全问题，重点在城市信息化、媒体数据分析、图像与视频处理等方面。 3. 健康社会战略方向主要是针对老年社会到来后所带来的健康和医药问题，重点在老年疾病预防、医药技术创新等领域。 4. 学校成立了虚实相结合的跨学科研究生院，围绕战略方向设置专门的项目负责人，成立了跨学科研究机构，包括研究中心、研究所和研究实验室等。

南洋理工大学建立了为期五年的策略计划，重点采用跨学科发展的模式。通过不同学科联合对地球的可持续发展、环球亚洲、安全社区、健康社会、未来学习等方面进行研究。其中“地球的可持续发展”战略方向主要是解决全球可持续发展面临的问题，重点在清洁技术、清洁水、可替代能源、城市系统和地质风险等领域进行跨学科研究；“安全社区”战略方向主要是针对信息技术运用带来的安全问题，重点在城市信息化、媒体数据分析、图像与视频处理等方面进行跨学

科研究；“健康社会”战略方向主要是针对老年社会到来后所带来的健康和医药问题，重点在老年疾病预防、医药技术创新等领域进行跨学科研究。经过短短几年的建设与发展，目前“可持续地球”“健康社会”发展较快，成果突出。这些战略性研究方向为南洋理工大学的跨学科研究发挥了巨大的引领与推动作用。

学校也非常重视战略管理，由于工学基础较好，学校提出了强化其他学科与工学融合与合作的战略安排。为推动跨学科人才培养和科学研究，强化战略执行，学校成立了虚实职能相结合的跨学科研究生院、跨学科研究机构，研究中心、研究所和研究实验室等，这些机构既是跨学科科学研究的机构，也是跨学科人才培养的机构。这一组织设计及安排，将学生的学位培养与科学研究有机地结合起来，形成相互促进的效果。

为吸引教授和研究生积极进行跨学科研究，NTU 制定了一些政策，激励教师和研究生的跨学科研究。首先是教师的激励制度，教师的晋升需要有跨学科的研究成果，终身教职的考核也会考察申请者的科研能力及其成果的影响力，而影响力中的核心因素就是跨学科的研究。对学生的激励主要是通过经费扶持和资助方式，凡申请并获得跨学科研究项目的博士研究生都能获得学校相应的奖学金，但学生奖学金的获得还需要博士研究生通过相应的资格考试，考试前后的数额略有不同。各研究中心和导师还会根据项目情况给予一定额度的费用资助。这些经费的支持为跨学科人才培养与科学研究提供了巨大帮助，也产生了较强的激励效应。

5. 得州农工大学

得州农工大学 2020—2025 年战略计划包含了其面向未来的准备工作的传统及发展潜力。得州农工大学致力培养致力于服务更大利益的品格领袖，为迎接明天的挑战做好准备，致力于在广泛的学术和专业领域中发现、开发、交流和应用知识（表 8-7）。

表 8-7　得州农工大学战略规划内容

愿景	得州农工大学致力培养致力于服务更大利益的品格领袖，为迎接明天的挑战做好准备，致力于在广泛的学术和专业领域中发现、开发、交流和应用知识。
目标	1. 增强转型教育、支持学生在转型期（从高中到大学的过渡时期）的发展、帮助学生取得成功。 2. 提升研究生教育和专业教育。 3. 加强和企业的合作研究。 4. 支持学校教师成长为世界一流的教师。 5. 将学校建设成为生活、工作和学习的最佳场所。 6. 加强与得克萨斯州及其他地区的互动，以增强影响力。
内容	1. 跨学科发展：加强跨学科研究生教育和专业教育。支持跨学科协作研究，在各学科中让各级学生参与进来，增加研究的广度和深度。 2. 课程改革：培养学生的终身成功，让学生有更多的机会在学术领域应用个人领导力，并开发其学术发展的潜力。 3. 国际化发展：提高学校在国际上的知名度。学校要引领知识创造，开发出成功的研究产品以最大限度地扩大影响，提高应对人工智能、数字人文、食品、能源和气候变化等领域挑战的能力。
具体方式	1. 提高学生第一年保留率和毕业年级学生的毕业率，致力于培养学生的终身成功。 2. 在研究生课程、专业课程和跨学科协作中培养学生的学术创新能力，拓展研究的广度和深度。 3. 利用相互合作的研究企业加速学校的商业化和学生创业活动的开展，将内部和外部资源整合到一个统一的教育计划中，促进研究成果的商业化。 4. 投资并保留学校现有的师资队伍，实施人才继任计划，规范评估体系，招聘优秀教师，注重教师的成长和发展，加强领导能力的培养。 5. 致力于发展成为一所全球公认的研究生教育和专业教育学校，成为生活、工作和学习的最佳场所。

依据愿景，得州农工大学确立六大发展目标和具体的发展策略。

（1）增强转型教育和帮助学生取得成功

学校支持一年级的学生建立坚实的学术基础，支持他们在转型期（从高中到大学的过渡时期）的发展，促进所有新生获得归属感，帮助学生尽快确定最适合自己的专业。其次，改变课程政策，开展有助于提高一年级保留率的福利活动，扩大专业发展，为一年级学生提供强大的学习平台，让他们更好地参与进来。在学生实习、增加国际经验、培养学生领导力、学生就业等方面给学生提供便利，帮助他们更好地整合学术和课外学习经验，致力于培养学生的终身成功。

（2）提升研究生教育和专业教育

首先，搜集研究生教育和专业教育的相关数据，以促进课程的持续改进和创新。其次，开发基础设施和学习者支持服务，促进专业发展，为学习者提供新的职业机会。此外，加强职业和个人发展计划，重视研究生和专业教育，尤其是博士阶段的教育。支持跨学科协作研究，在各学科中让各级学生参与进来，增加研究的广度和深度。最后，加强转化和实践研究，与外部组织合作，包括工业、国家实验室和其他机构，以扩大学校的研究范围。

（3）加强和企业的合作研究

首先，利用相互合作的研究企业加速学校的商业化和学生创业活动的开展，将内部和外部资源整合到一个统一的教育计划中，促进研究成果的商业化。其次，加强对创业感兴趣的学生的重视程度，他们肩负着把教育融入商业化的使命，为他们提供创业、知识产权和企业发展方面的知识培训。再次，在大学范围内鼓励教师、员工、学生和校友创业、发展企业，推动创新创业，把他们从长凳上带到社区。

（4）支持学校教师成长为世界一流的教师

首先，在大学里增加国家和国际奖项提名，调动教师的积极性。

为教师制定专业发展计划，以提高教师生产力，并针对所有教师动态修订教师评估和晋升流程。其次，实施人才继任计划，规范评估体系，制定适应学校发展的识别和培养领导能力的行动计划。再次，针对每位员工制定发展计划，提供继续教育和培训的机会，同时编制岗位胜任力档案，对员工的成就建立职业阶梯档案。最后，学校教师形成组织认同感，致力于提高大学在国内和国际上的认可度。

（5）将学校建设成为生活、工作和学习的最佳场所

首先，从战略上加强研究生和专业课程的开设，培养优秀的研究生和专业学生。其次，学校承诺提供多年的科研资金，克服资金短缺的障碍，促进校际合作。最后，吸引、发展、支持所有全日制博士生，加强跨学科研究生教育和专业教育，将研究生培养为终身学习者。

（6）加强与得克萨斯州及其他地区的互动，以增强影响力

首先，学校要引领知识创造，开发出成功的研究产品以最大限度地扩大影响，提高应对人工智能、数字人文、食品、能源和气候变化等领域挑战的能力，以最大限度地扩大公众影响。其次，学校承认并支持商业化，通过独立研究和加强伙伴关系建设来改善和保护空气质量、水和自然资源管理。最后，大学将利用发现和创新获得的知识，满足得克萨斯州城乡居民的需求。

6. 查尔姆斯理工大学

查尔姆斯理工大学《2016—2022年愿景与战略规划》中强调，当今世界要建立超越学术和地理界限的新思维方式、新方法和新的协作形式。通过国内与国际合作，可以长期保持高质量的办学、推进社会发展。查尔姆斯理工大学以科学卓越为基础，致力于为可持续发展的世界推广知识和技术解决方案，努力成为拥有世界级高质量的成功高校。无论是在教育和研究方面，还是在利用成果的方式方面，都有

很高的抱负和严格的要求。查尔姆斯理工大学有四个发展目标：更好的发展学生技能、加强国际研究合作、在社会发挥中流砥柱的作用、促进学校多样化发展（表 8–8）。

表 8–8　查尔姆斯理工大学战略规划内容

愿景	查尔姆斯理工大学以科学卓越为基础，致力于为可持续发展的世界推广知识和技术解决方案，努力成为拥有世界级高质量的成功高校。
目标	1. 更好的发展学生技能。 2. 加强国际研究合作。 3. 在社会发挥中流砥柱的作用。 4. 促进学校多样化发展。
内容	1. 国际化发展：提升高校在研究、教育等方面的国际化水平，以确保知识的交流，产生新思想；加强国际合作，保持有质量的办学水平。 2. 组织治理：不断发展矩阵组织（矩阵组织是学科系统与项目系统的有机结合：纵向为学科导向，横向为问题导向，以解决实际问题为目的），整合各部门的主题和重点，站在学生学士课程和硕士课程的视角进行安排课程。 3. 区域产业合作：发展学校创新体系，加强学生和研究人员的创业精神，提高学校与整个行业和社会合作的能力，以加强整个区域的竞争力。
具体方式	1. 学校要有魄力在新环境中投资，成为高校的领头羊。 2. 投资于教师，提升师资质量，帮助教师在研究和教学之间取得平衡。 3. 提升高校的国际化水平，通过国际间的合作，促进知识交流融合、提高科研水平。 4. 营造良好的大学环境，培养学生和教师的创造力。 5. 在地方和全球社区改革未来可持续的方法，实现联合国在地方和全球的可持续性目标中发挥中流砥柱的作用。

查尔姆斯理工大学的具体战略包括以下几个方面：推进国际化发展、加强组织治理、建立创新体系、推动可持续发展、增强学校领导力等方面。

在领导地位方面，学校要有魄力在新环境中投资，成为高校的领头羊。在提升吸引力方面，投资于教师，提升师资质量，帮助教师在研究和教学之间取得平衡。培养教师的领导能力，培养师资素质。在国际化方面，提升高校在研究、教育和利用方面的国际化水平，以确保知识交流。同时学校加强国际合作，保持有质量的办学水平。在交流方面，在国家和国际间增加个人的流动性，并加强与机构、工业和公共部门的交流。在组织方面，不断发展矩阵组织，整合各部门的主题重点，站在学生的角度安排学士课程和硕士课程。在营造大学环境方面，建立鼓舞人心的环境，培养员工和学生的创造力。在创新体系方面，建立有凝聚力的创新体系，提升研究人员的创业精神，提高学校与行业和社会合作的能力，以加强国家的竞争力。在可持续发展方面，学校致力于改革未来可持续的方法，为实现联合国在地方和全球的可持续性目标作出贡献，为世界面临的日益严重和日益复杂的挑战找到解决办法。

7. 伊斯坦布尔科技大学

伊斯坦布尔技术大学的使命是扩大知识及其在科学，技术和艺术中的应用范围，从而为可持续发展社区做出贡献。其愿景是通过其在科学，技术和艺术方面的专业知识和创造力，成为领先的国际大学。具体目标包括：加强教育的变革和改进；增强以结果为导向的跨学科研究，助力社会发展；加强与国际间高校的有效合作；促进学校与之间产业的合作可持续、有效的开展；扩大公众对伊斯坦布尔技术大学的认知；进行参与式和透明化的治理，以此增加学校的收入（表 8–9）。

表 8–9　伊斯坦布尔科技大学战略规划内容

愿景	伊斯坦布尔技术大学通过在科学，技术和艺术方面的专业知识和创造力，成为领先的国际大学。

续表

目标	1. 加强教育的变革和改进。 2. 增强以结果为导向的跨学科研究，助力社会发展。 3. 加强与国际高校的有效合作。 4. 促进学校与之间产业的合作可持续、有效的开展。 5. 扩大公众对伊斯坦布尔技术大学的认知。 6. 进行参与式和透明化的治理，以此增加学校的收入。
内容	1. 基础设施建设：学校力求为其所有学生和学术单位提供最佳的信息技术基础设施，培养灵活有活力的资讯科技专才。 2. 组织治理：改革了公共财政和管理制度，规定建立内部控制制度，取代公共行政中的传统控制机制。 3. 跨学科发展：整合各学科的内容，开展科学研究，以结果为导向，力求对社会有所助益。
具体方式	1. 在信息和技术资源上，为学生和教师提供用于创造性学习和工作的基础设施，并在行政人员开展的工作中最大限度地利用信息技术。 2. 管理和内部控制系统方面，在问责制、财政透明度和责任感的基础上，根据符合国际标准的强有力的财政管理原则进行改革。 3. 管理责任框架方面，从预算编制，可用拨款数额，详细支出方案，遵守中央预算法和其他财务立法的规定等方面执行行政预算。

伊斯坦布尔技术大学的具体发展战略分为以下几个方面：

（1）在基础设施建设方面，学校力求为其所有学生和学术单位提供最佳的信息技术基础设施，这些基础设施可用于创造性工作，并在行政人员开展的工作中最大限度地利用信息技术。虽然基础设施的软件和硬件配置都很充足，而且是最新的，但基础设施的开发工作仍在继续。而首当其冲的问题是，学生、教师和行政人员是否具备适当和有效利用基础设施所必需的信息文化和知识背景，针对这个问题，学校要对学生、教师和行政人员加强信息技术基础设施使用方面的培训。所有这些工作都符合学校未来的愿景，旨在培养灵活而有活力的资讯科技专才，并为他们提供一个能更新知识的思维架构。

（2）管理和内部控制系统方面，土耳其通过“公共财政管理和控制法”开启了公共行政的新纪元，在问责制、财政透明度和责任感的基础上，根据符合国际标准的强有力的财政管理原则进行改革，迈出了重要的一步。组织治理方面，大学改革了公共财政和管理制度，建立了内部控制制度，取代公共行政中的传统控制机制，并借鉴国际机构的做法中制定标准和方法。在这样的背景下，伊斯坦布尔技术大学的策略发展处已获委任为财经事务组，策略发展处处长是财经事务组经理，他向高级经理负责，确保他在现场准时执行职务。战略制定部主管可将其部分职能和权力委托给下属部门主管，条件是明确规定其界限、以书面形式、不违反法律，并经上级主管批准、对行政预算和预算编制的遵守情况进行控制。此外，财务决策和交易也由支出单位控制，以便有效、经济和高效地利用资源。

（3）管理责任框架方面，支出部门和财务处（战略发展部）要执行的初步财务控制任务由风险评估后产生的有利于初步财务控制的财务决定和交易以及行政首长认为适当的控制组成，并从预算编制、可用拨款数额、详细支出方案、遵守中央预算法和其他财务立法的规定等方面执行行政预算。在伊斯坦布尔技术大学，财务管理和控制系统由支出单位和财务服务单位（战略发展部）执行的支出前控制组成，在法律规定的范围内使用。在内部控制行动计划的修订工作中，对学校内部控制标准、组织结构、明确任务、权责的行动进行了规定。

8. 利物浦约翰摩尔斯大学

利物浦约翰摩尔斯大学致力于成为一所开创性的现代公民大学，为现实社会的各种挑战提供解决方案。利物浦约翰摩尔斯大学的未来发展目标包括：在国内外为公众和社区服务、提倡公民参与以丰富生活、解决各类问题和挑战，成为利物浦城的“主力军”（表 8–10）。

表 8-10　利物浦约翰摩尔斯大学战略规划内容

愿景	利物浦约翰摩尔斯大学致力于成为一所开创性的现代公民大学，为现实社会的各种挑战提供解决方案。
目标	1. 在国内外为公众和社区服务。 2. 提倡公民参与以丰富生活。 3. 解决各类问题和挑战，成为利物浦城的“主力军”。
内容	1. 国际化发展：为了提高其国际化水平，积极增强教师与学生的个人流动性，并将加强与机构、工业和公共部门的交流作为未来发展的重要目标。 2. 课程改革：将学生置于学校核心位置，来自各种文化和背景的学生得到学校有针对性的个性化学习课程，同时制定学生企业计划和种子加速器计划，帮助学生工作和创业。 3. 区域产业合作：学校和企业与工商业合作以推动经济增长，加强与利物浦知识区的合作，致力于开发一个知识参与和商业化活动的中心枢纽。
具体方式	1. 学校承诺释放所有学生的潜力，帮助他们发展成为独立的思想家和富有社会负责的公民。 2. 培养一种将学生转变为受欢迎的毕业生和有才华的专业人士的学习文化。 3. 学校通过有效的学术组织，吸引优秀的学术人员，成为一所涵盖所有学科的从事世界级研究的大学。 4. 建设成为一所真正连接国内和世界各地的大学，建设具有全球影响力的海外参与和投资的门户，发展具有国际影响的产出研究伙伴关系。 5. 学校致力于培育社区意识、支持高质量活动的开展以及经营可持续发展的产业。

（1）释放所有学生的潜力，帮助他们发展成为独立的思想家和富有社会负责的公民。首先，学校致力于成为一所将学生置于其核心的大学，设立专门的空间进行学习共享，以支持学生间协作、创造性和独立的学习。其次，学校为学生提供丰富的经验，在课程中纳入不同的观点，鼓励来自各种不同文化和背景的学生参与，吸引越来越多的海外学生。再次，学校将建设成为一所与工作有关的学习、海外交流、社区参与的大学，以加强他们对当地社区的洞察力，使学

生成为积极、知情和对社会负责的公民，并在实践中为他们提供动态的发展机会。最后，学校将与世界各地校友和荣誉研究员保持密切联系，利用这些联系为学生造福，充分利用他们提供的实习、指导和“谈话”活动。

（2）培养一种将学生转变为受欢迎的毕业生和有才华的专业人士的学习文化。首先，学校致力于提供变革教育，通过对话、辩论等学习方式发展成为一种学习文化，并促进批判性反思、创造力和独立性思想的培养。其次，学校将开发与当代公民和社会责任相关的课程，将学科知识和应用学习相结合，并利用与行业、企业和部门机构的联系，创新学习方法、开发大学的潜力。通过推出尖端的虚拟学习环境来推进学校的数字化技术的发展，提高学生的数字素养，进一步发展成教学学院。再次，建设成为一所嵌入雇主重视的知识、技能和经验的大学。学校将推出一个职业智能包，学生通过在区域中小企业的安置、基于职业加速器进行实习。最后，建设成为一所包容性和无障碍学术环境的大学。将把包容性纳入教学和评估的结构体系中，发展包容性领域的学术活动。

（3）通过有效的学术组织，吸引优秀人才，成为一所涵盖所有学科的世界级研究型大学。学校通过投资和基础建设保持和进一步提高学校的声誉，建立相关的研究机构，提高该机构的外部形象来支持他们未来的发展。其次，通过加强连通性和加强与领导的协作，将在工业和商业方面将企业活动中获得的知识传播到更广泛的社区。最后，学校致力于成为一所培育蓬勃发展的研究生社区的大学，以加强教育和研究的连通性。

（4）参与全球活动。利物浦约翰摩尔斯大学致力于建设成为一所真正连接国内和世界各地的大学，首先，学校将加强与剧院以及艺术和音乐机构的伙伴关系，进一步丰富文化熏陶。其次，与主要的外部合作伙伴建立更深层次的、一致的战略关系，并将使大学能够优化与利物浦知识区的合作，开发一个知识参与和商业化活动的中心枢纽，能够促进社会变革并增进社区生活、愿望和前景。成立公民基金会，以促进学生、工作人员和当地社区内的机构所作的积极贡献。再次，建设具有全球影响力的海外参与和投资的门户，发展和促进产生具有国际影响和意义的产出的研究伙伴关系，为大学和更广泛的城市地区带来战略利益。最后，学校和公共部门机构积极讨论政策影响并进行辩论，这一系列部门之间的联系使学校能够在公共舞台上发挥作用。

（5）致力于培育社区意识、支持高质量活动和经营可持续发展的产业。首先，学校通过网络、培训和专业发展机会一同来加速员工的专业成长，提高其领导能力，同时学校积极发展基金会（LDF）工作，支持科研合作。第二，进一步加强数码基础设施建设，使学生和工作人员能够在数字环境中蓬勃发展，优化内部运作的效率。第三，利用学校的资金拓展外部资源和机会，开发新的资源分配模式，以支持资源的战略分配和学校组织管理。第四，实施学校的主要战略发展方案，将下一代教育、研究空间的大量投资、面向社会和商业的设施以及综合体育服务结合起来。

（二）主要战略方向

通过对标高校的战略规划的分析可以发现，目前各高校发展主要集中在跨学科发展、区域产业合作、人才保障、国际化发展、教学改革五个方面，这五个方面构成了五个主要战略方向。

1. 跨学科战略

目前，跨学科研究已经成为学术发展的重要增长点，引起各高校广泛关注并纳入了自身的发展战略规划。这体现在高校对跨学科发展的认知与理解上，如挪威科技大学便强调通过跨学科领域和专业的学习活动，使学生深入了解跨学科团队合作。这不仅有助于学生成为具备多学科综合素养的人才，也倡导和弘扬跨部门共享资源与技能的文化，从而提升了人才培养质量和科学研究水平。挪威科技大学在其战略规划中明确提出积极营造促进协作和跨部门共享文化的目标，通过跨领域的研究项目来促进相关领域的研究。该校搭建了跨学科合作平台，同时强调与企业和公共部门的合作，以确保跨学科研究的持续性。南洋理工大学则通过遴选了五大跨学科巅峰发展战略方向，并在每个战略方向下设立了跨学科研究机构，包括研究中心、研究所和研究实验室等。这些机构既是跨学科研究的平台，又是跨学科人才培养的机构，通过将学生的学位培养与科学研究有机结合，实现了科学研究与人才培养的相互促进。

这些高校的跨学科发展战略旨在通过学科之间的联系，推动新的发展增长点的涌现，使得教学、科研和社会服务得以全面提升。这一系列举措将促进高校在未来更好地适应科技创新潮流，培养更具综合素养的人才，产出更具创新性的研究成果，为社会和产业的发展提供更为有力的支持。

2. 区域产业合作战略

区域创新体系中，高校与产业充当着至关重要的创新主体。高校承担着培养人才、传承知识和推动科技创新的使命；而产业则是创新的发源地，为创新提供方向和资金支持等重要支持。随着经济和社会的不断发展，以及创新难度与强度的提升，高校越来越重视与产业的合作创新，将其纳入各自的发展战略，以共同推动区域创新体系的繁荣。代尔夫特理工大学为强化大学同社会间的联系，提出了“威斯塔特计划”，该计划鼓励居民、学生与研究人员，通过组织黑客竞赛和公民科学项目等活动，为大学和城市的有效交流搭建平台；2019 年与代尔夫特市政府进行了校园发展以及城市与大学关系的讨论，确立“代尔夫特大学城”的愿景，该愿景以创新、可持续和包容性为理念，旨在为社会发展提供动力，促进大学与其周围环境的合作。南安普顿大学重视研究与企业的合作关系，其研究愿景是巩固该校作为世界领先的研究型大学地位，从而提高其在生产对世界具有真正经济和社会效益的知识和技术方面的知名度；学校重视进行高质量研究和独特的跨学科方法，专注于应对社会的最大挑战。得州农工大学的发展战略中提出通过领导培训、继续教育、劳动力发展使大学以外的社区和支持者受益；利用发现和创新获得的知识，满足得克萨斯州城乡居民的需求；通过知识转让、商业化和伙伴关系进行创新等方式实现与社区、企业的深度合作。查尔姆斯理工大学有着与其他行业和社区密切合作的传统，学校希望进一步加强长期合作来提升自身的教育质量，为学生提供发展课外技能的机会，以补充他们的实践经验；利物浦约翰摩尔斯大学计划与外部合作伙伴建立更深层次的、一致的战略关系，并使其能够优化与利物浦知识区的合作探索，与当地学校联合建立一个多学院信托基金（MAT），旨在提高业绩，培养推动包容性经济增长所需的技能，为学生提供兼备创造性和积极性的学习机会。

3. 人才战略

人才战略是高校为实现自身持续发展目标，把教师、科研人员作为一种战略资源，对人才的培养、吸引和使用作出的重大、宏观、全局性构想与安排的战略模式。各对标高校在制定发展战略时，都将人才战略作为一项重要的考量因素。代尔夫特理工大学在人员政策方面重点是通过将荷兰定位为吸引学术人才的有吸引力的商业环境来吸引合适的候选人和优秀员工，并且提供差异化的人才培养方案，其重点在于对助理教授的培养，包括研究、平衡和组织等方面。在各个院系中开发了工作量方法，启动了以不良行为为主题的社会安全培训计划，任命人事监察员，以允许员工和经理讨论工作场所中的问题。此外，在全国工作压力周期间，提供了 20 多个关于工作满意度和工作与生活平衡的讲习班。得州农工大学在其人才发展战略中提出稳定现有师资队伍、招聘优秀教师、加强教师治理、优化发展路径四项举措，具体内容非常详细，包括增加国际奖项提名、减轻行政负担、营造包容氛围、加强教师供给、制定人才继任计划、规范评估体系等 27 条相关条款。查尔姆斯理工大学提出了提升吸引力的发展战略，主要方式是投资于教师，以促进人才质量的提升和长期思维的构建，在研究和教育之间取得平衡，培养领导能力和员工精神，激励员工，提高员工素质。总的来看，各高校普遍对于人才战略给予了高度关注，并从制度、文化、组织等层面进行了前瞻性规划和具体部署。

4. 国际化战略

国际化战略是各对标高校普遍重视的发展内容，几所对标高校获得较快速发展的重要原因就在于他们与外界的良好沟通，确保对全球问题的洞察力，同时在参与国际研究的最前沿过程中提升了自身的科学质量。挪威科技大学是全球知识发展的重要贡献者，国际化已融入所有学术团体的活动中，其研究项目越来越多地从国际资金中获取资金，并且需要与国际伙伴进行合作；他们的目标是更好地利用欧盟为研究、创新和教育提供资金，以确保他们活动的高质量和相关性；与全球精选机构建立战略合作伙伴关系；加强国际招聘优秀研究人员，提高员工的国际流动性；增加在国外教育机构学习的全学位学生的比例。南安普敦大学的愿景是成为全球领先的教育机构，通过发展与精选的高效益合作伙伴的关系，进一步扩展其在教育和研究领域的全球影响力。查尔姆斯理工大学的研究具有相当大的广度，始终与处于前沿且与各学科内最权威的专家开展合作，这是其在国际上产生巨大影响的原因之一。利物浦约翰摩尔斯大学为了提高其国际化水平，积极增强教师与学生的个人流动性，并将加强与机构、工业和公共部门的交流作为未来发展的重要目标。总的来看，各高校的国际化战略都渗透到学术和教学工作中，通过扩大研究资金和市场机会，提高他们再教育和研究的质量与影响力。

5. 教学改革

教学改革是学校发展战略的核心部分，各高校在教学改革中普遍注重提升课程实用性。代尔夫特理工大学把努力争取世界一流的教育作为一个重要发展目标，包容性和多样性是他们一直以来坚持的方向，他们努力吸引在性别、文化和种族背景、国籍和年龄方面尽可能多样化的学生；重视创新和实验在教育和学习中的重要作用；通过提供不同类型的教育，包括在线和校园教育以及“21 世纪技能”的综合教育，为学生在职业生涯中做好适应瞬息万变的数字社会准备。得州农工大学为提升教育质量和加强学生就业能力，将提升对学生的支持、扩大发展平台、加强师生互动、整合课内外经验、保障数字化学习环境等方面作为改革和发展方向。查尔姆斯理工大学作为一所科技大学，为了能让学生们在课程中获得最有价值的经验和技能，努力创造真实的学习环境，使学生能够将学习的知识技能与对于工作的理解有机结合，以此提升他们的自信心。利物浦约翰摩尔斯大学在学生培养方面将学术生活区放在校园的中心，在中心科波拉斯山遗址上有一个新的专门建造的学生生活设施，以支持协作、创造和独立的学习氛围。总的来看，各高校对于教学改革主要是从整合教学资源、加强实践应用、优化学习情境等方面开展，将人才培养的多元化、个性化、优质化作为最终目标。

四、促进优势学科发展溢出的改进策略

在高等教育转型和改革的大趋势下，充分发挥学科发展的溢出效应不仅是实现高校整体发展的必然要求，同时也是实现高校发展特色化、差异化的重要路径。在高校发展过程中充分利用学科发展溢出效应，将优势学科作为学科生态体系的基础和支撑，引领周边学科共同发展；在学科发展规划过程中，将学科发展溢出范围作为重要的参考依据，优先选择溢出禀赋较高的学科重点发展；在强化纵深发展同时，推进横向发展，拓宽领域，寻找学科之间的交叉地带，将不同学科群落联系在一起，形成网络，实现学科体系发展的协调性和持续性。

（一）强化溢出主体，增强带动作用

“学科强则大学强”，“双一流”建设把学科提到了与高校建设同等重要的位置，并将学科建设作为高校建设的基础。学科以一种知识集成的方式反映和体现着高校的核心竞争力。当前，行业特色高校学科发展一体化程度更加明显，优势学科成为行业特色高校发挥自身优势、实现独特价值的根本立足点。根据国家的发展政策以及行业需求，行业特色高校的优势学科必须要调整自身的发展方向，在优势领域当中

进行创新和深化。在资源有限的情况下，不能将发展的眼光局限于短期的发展效益，或者科目类型是否齐全的外部效益上，而应着眼于形成长远的良性互动的学科生态系统。只有努力改进和提升优势学科，让其在市场竞争中能够开辟出不可替代的发展领域，并在此基础上孕育出其他学科，才能真正实现以优势学科带动行业特色高校发挥整体优势、办出行业特色的目标。当然，在发展过程中不能忽视基础学科和相关辅助学科的作用，但也要把目标集中在自身的优势领域，把优势学科领域做大、做强才能够在未来的发展过程中获取相应的发展空间。

学科要发展，特色是前提。行业特色高校必须优先关注行业特色学科的建设和发展。在优势学科的带动下，与外部需求进行紧密对接，形成适应当前社会发展需求和能够解决社会痛点的学科体系，达到“人无我有、人有我优”的状态。培育特色学科需要在一定的基础之上，通过优势学科的演化和交叉形成真正“落地生根”的学科，不能将学科建设成为“空中楼阁”，以免就会成为名不副实的“花架子”。因此，必须要充分利用学科发展溢出效应的基本规律，根据市场需求提前布局，形成自身的发展特色。优势学科的建设水平是学科建设水平与层次的关键标志，对于提升整个高校学术实力至关重要。为突显优势学科的引领力，应采取“非均衡发展”策略，加强对优势学科的全方位支持。这一策略涉及高层次师资引进、人才团队培育、办学条件配备和建设经费支持等多个方面。特别是在当前产业快速发展等机遇下，可以通过学校层面引进重大创新项目等方式，有针对性地提升优势学科的建设水平。在实施过程中，要重点倾斜资源，确保优势学科在各方面的支持力度相对较大。此外，优势学科应发挥对其他学科建设的引领作用，形成学科建设的“争优争强”的动力。将优势学科建设中的好做法、经验成功地应用到其他学科建设中，是提升整体学科建设水平的有效途径。这包括将优势学科在办学资源、对外合作关系渠道等方面积累的优势转移到其他学科建设中，从而夯实学科建设的整体基础。其次，为了凸显学科的差异化竞争力，有必要优化学科结构，注重特色学科的辐射力。特色学科是高校办学特色的支撑点，通过将其独特理念、文化和底蕴融入整体学科建设中，可以形成学科建设的鲜明风格。这不仅有助于提升高校整体的学科影响力，也能够吸引更多高水平人才和资源，推动学科建设的持续发展。因此，注重特色学科的辐射力，使其成为整个学科体系的引领者，是学科建设中的关键一环。

（二）疏导溢出路径，实现良性互动

高校学科建设是一项系统性的工作，必须避免单一学科封闭式发展的思路，根据特定学科发展规律和社会需求设定相应的学科治理机制，对优势学科发展的溢出路径进行合理疏导，通过优势学科的引领和带动作用，谋求高校的长远发展。

首先，行业特色高校所对应的社会需求主要是特定行业的相关内容，因此高校内部不同的学科必须在相互连通、相互协作的基础上进行建设。如果与行业需求相关度不强，便是要进行适当的调整，避免造成发展目标的分散。在发展资源方面，相关的人力、物力、时间、信息必须能够在统筹兼顾的情况下突出优势学科的发展；在教师管理方面，鼓励教师能够按照特定的需求来确定自己的研究方向，鼓励教师进行跨学科合作；在物力、财力的分配上尽量打破院系之间的隔膜，尽可能地实现资源最大限度共享；在课程设置方面，可设置开放必要

的课程和学历，培养综合性跨学科的人才。在时间空间方面，资源分配方式不仅仅要保障眼前利益和工作效益，更重要的是能够促进人才的发展和学科交流，尽可能地设置相关制度和平台，让不同学科之间的教师和学生进行充分交流，让其能够突破自身的学科发展局限，提升跨学科能力。

其次，通过学科群落的方式对高校学科体系进行纵横贯通，通过鼓励跨学科的方式改善行业特色高校的学科结构途径。在知识的重新组织与整合过程中提升高校的学术职能，从不同的学科和广泛的背景出发，在知识之间建立起关联系统，改变原有知识体系的僵化和分割状态，为学科的生长和变革提供新的交汇点。在学科群的发展框架下，融合两种意向的学科进行交叉并以此辐射到整个学科体系当中，通过沟通多种学科和技术进行相互渗透，推进学科的发展。值得注意的是，构建学科群落的主体是教师，因此在知识发展方向、学科管理方式和行业发展需求的多重作用下，行业特色高校优势学科需要整合特定的发展资源，通过对话、沟通、协作的方式发挥优势学科群的带动作用，凸显其价值。

再次，构建科学合理的学科生态系统需要实现优势学科、支撑学科和基础学科的相互协调和协同发展。单一学科的发展难以达到预期效果，因此学科生态系统的构建需要通过合作与对话，促进学科之间的交流，形成学科共同体。这种共同体能够使各学科形成共同的价值理念、行为准则，并创造出共同的学科场域，从而形成有良好发展态势的学科生态系统。学科建设不能仅仅局限于个别优势学科的发展，而应该以国家重大战略和经济社会发展需求为导向。通过以优势学科为基础，建设学科群，并通过学科间的合作机制，打造有机互动的学科生态系统。这样的学科生态系统将为高等学校的学科整体发展提供良好环境，使其与科技进步、产业发展同频同步，形成相互支撑的、和谐的学科生态。在全面组织协调的基础上，对行业特色高校的学科体系进行方方面面的互动。通过找出优势学科和一般学科的不同定位和建设策略，强调互动共进的方式，实现全面发展。这种协同努力将为学科建设带来更大的推动力，使整个学科体系更加有机、多元，更好地适应当代社会的发展需求。

（三）扩大溢出范围，重视跨学科发展

优势学科发展的溢出范围是在学科体系当中学科作用空间的大小，主要与学科本身的特征有关联，但是在实践过程中学科发展溢出的范围同时会受到学科自身的发展方式，周边学科发展的溢出能力以及政策调控等方面的因素影响。

传统的学科发展方式很难适应未来的社会需求以及高校的发展模式，协同创新是当前我国行业特色高校进行自我提升的必然出路。因此，必须打破固有的内部条块分割、泾渭分明的学科组织体制，从组织制度、资源分配等方面突破固有的发展理念，通过内部治理和自我革新促进优势学科的影响，使其能够辐射到更大的范围。在具体实践过程中，可以通过在学科体系之外构建相应的协调管理机构，以项目制或者科研平台的方式推进学科之间相互发展、相互融合。在教师管理与评价的过程中，将学科之间相互合作与交流作为一项重要指标，鼓励优势学科向周边学科进行交叉，同时也要积极推进学科之间的交流合作，将不同的学科资源和技术融合在一起，形成协同发展的机制。

为了扩大跨学科发展的溢出范围，必须通过一系列有针对性的措

施来促进学科间的互动和协作。首先，建立跨学科研究中心是一种关键机制，它提供了学者们跨足不同学科的平台。这些中心可以通过定期的研讨会、工作坊和讲座等活动促使不同学科的研究人员相互交流，并鼓励他们开展联合研究项目。这样的合作机制有助于打破传统学科的界限，形成更具包容性和创新性的研究环境。其次，推动联合项目是促进学科协同合作的重要手段。学校可以设立专门的资金支持计划，鼓励不同学科间联合申请项目。这样的项目通常要求来自不同学科的研究人员共同合作，以解决更为复杂的问题。通过这种方式，学科之间的知识可以更深入地融合，促进跨学科发展的溢出。另外，建立学科共同体也是促进学科间互动的一种方式。共同体强调学科之间共同的价值理念和行为准则，为不同学科提供一个共同的平台。在这个平台上，学者们可以共同讨论学科的前沿问题，分享研究成果，形成一种共同推进学科发展的氛围。这种学科间的对话有助于消解学科间的分隔感，促进更多的交叉合作。此外，政策调控是确保跨学科发展持续推进的保障。学校可以出台激励政策，例如对参与跨学科项目的学者给予经费和荣誉的奖励，设立专门的研究基金支持跨学科研究，为学者提供更多的资源支持。这样的政策调控将为学者们参与跨学科合作提供积极的动力，从而促进学科发展的更广泛影响和创新。

总体而言，为了扩大跨学科发展的溢出范围，应该以促进学科间的互动和协作为核心，通过建立跨学科研究中心、推动联合项目、构建学科共同体和制定激励政策等手段，使学科的影响力更加广泛地渗透到整个学术体系中，实现学科生态系统的更全面、更协调的发展。

（四）优化学科布局，实现集群扩张

通过优化学科布局，实现学科集群的扩张，可以更好地发挥学科间的协同效应，提高学科整体实力，增强高校的核心竞争力。这种战略的实施需要全校的共同努力，注重整体规划和协同发展，为学校未来的长远发展奠定坚实基础。

优化学科布局是高校战略规划的一个重要环节，涉及对不同学科的科学规划和整合，其实施将直接影响到学校的学科建设水平和整体实力。在审慎考虑各学科的发展前景时，学校需要充分了解当前社会需求和未来趋势，以及学科间的相互关系。通过对学科的全面分析，学校可以识别出各学科的特长和劣势，明确其在整体战略中的地位。合理配置学科，就是要充分发挥各学科的优势，使得整体学科布局更加科学合理，符合学校的长远发展方向。学科的调整和整合是实现学科合理配置的关键步骤。学校在制定学科布局计划时，需要根据学科的发展潜力和社会需求，对现有学科进行调整和整合。这可能包括学科的合并、分化、调整课程设置等。通过这样的整合，学校可以形成更加互补性强的学科群，使得各学科之间形成协同效应，资源得以更好地共享。整合还能够避免学科之间的重复建设，提高整体效益。合理的学科配置和整合有助于学科之间形成更加协同的工作关系。共享资源，如实验室设备、研究人员、科研资金等，可以减少学科之间的竞争，增强学科的合作氛围。这有助于形成学科之间的协同效应，推动学科的共同发展。例如，某一学科在理论研究方面取得了突破性进展，可以为其他学科提供新的研究思路，促进跨学科的合作项目。通过优化学科布局形成互补性强、发展潜力大的学科群，学校能够提高整体实力和综合竞争力。学科之间的协同效应将使得学校在教学、

科研和社会服务等方面都更具优势。合理配置和整合学科不仅有助于学科群内部的协同发展，也有助于学科群与外部环境的良性互动，更好地服务社会需求。

实现集群扩张需要强调学科之间的协同发展。学科集群的形成并非简单地将一些相关度较高的学科放在一起，更要注重学科之间的相互促进和合作。实现集群扩张不仅仅是将一些相关度较高的学科简单地放在一起，更需要注重学科之间的深度协同发展。学科集群的成功形成需要建立强有力的协同机制，促进学科之间的相互促进和合作。这种协同不仅仅是学科的简单组合，更要通过建立有力的协同机制，实现学科之间的深度合作。一方面，这可以通过鼓励学者参与交叉学科研究来实现。学者们应该被激励突破传统学科边界，积极参与多学科项目，共同解决涉及多个学科领域的复杂问题。这种跨学科的合作有助于打破学科壁垒，促进知识的融合，为新的创新提供更为广泛的知识基础。另一方面，为了实现学科之间的深度协同，学校可以组织跨学科的项目和活动。这些项目和活动可以是跨学科的研究计划、创新实验室，也可以是学科间的共同研讨会、交流活动等。通过这样的组织形式，学科之间的边界逐渐变得模糊，促使学者更积极地进行合作与交流。这种协同的机制不仅能够在学科集群内部创造更多的交叉创新机会，还有助于形成学科集群与外部社会的互动，为学科集群的发展提供更为广泛的动力。随着协同机制的建立，学科之间的互动和合作将不再局限于表面层面，而是深入到研究与创新的核心。这种深度协同的模式有助于集群内学科共同体的形成，形成一种密切相连的关系网络，使得各学科在整个集群中相互补充、相互促进。通过这样的方式，学科集群能够更好地应对复杂的问题，迎接未来的挑战，推动整体学科群的创新和进步。

在学科集群的扩张中，人才培养被视为至关重要的一环。为了促进学科集群的全面发展，学校应该通过跨学科的培养模式，引导学生在多个学科领域进行深耕广作。这一培养模式不仅仅是为了拓展学生的知识面，更是为了培养具备跨学科背景的综合性人才。首先，跨学科的培养模式可以帮助打破传统学科的壁垒。传统上，学科之间存在明显的界限，学生在特定学科中深入学习，但却难以跨足其他领域。通过引入跨学科的培养模式，学生将有机会在多个学科中获得知识，更容易形成全面的学科素养。这种全面性的素养有助于培养学生具备解决问题、创新思维和综合应用知识的能力，为其未来在复杂环境中的工作和研究提供更为全面的支持。其次，跨学科背景的综合性人才更具创新力和适应力。在不同学科的交叉学习中，学生将接触到不同的思维方式、解决问题的方法和研究范式。这有助于培养学生具备跨界合作的能力，促使他们在实际问题中能够综合运用各个学科的知识，提出创新性的观点和解决方案。这种创新力和适应力是未来社会对人才的重要要求，也是学科集群不断推动创新的重要支撑。最后，跨学科背景的人才是学科集群不断发展的人才支持。这样的人才既能深入到各个学科中，与专业学者深度合作，又能在学科间进行沟通协调，推动学科集群内外的互动。他们具备全局观和战略眼光，能够更好地协助学科集群实现整体性发展。因此，通过培养具备跨学科背景的综合性人才，学校不仅能够为学科集群的发展提供源源不断的智力支持，也为学生提供了更广泛的发展机会，使他们更好地适应未来社会的需求。

参考文献

一、著作

[1][美] 丹尼尔·施若雷，[美] 赫伯特·谢尔曼 . 从战略到变革 [M]. 周艳，赵炬明，译 . 桂林：广西师范大学出版社，2006（6）.

[2] 陈洪波 . 近郊县（市）融入都市圈的理论与实践研究——以宁波为例 [M]. 杭州：浙江大学出版社，2015.

[3] 陈小娟 . 高校本科专业设置预测模型构建 [M]. 广州：广东高等教育出版社，2015.

[4] 邓小河 . 国际产业转移理论与典型范例 [M]. 北京：科学技术文献出版社，2004.

[5] 邓晓芒 . 康德《纯粹理性批判》句读（上）[M]. 北京：人民出版社 2010.

[6] 杜莉 . 欧盟区域经济政策 [M]. 长春：吉林大学出版社，2007.

[7] 郭文轩 . 区域经济协调与竞争 [M]. 北京：红旗出版社，2003.

[8] 胡振兴，马德水 . 中国创业资本制度演化论 [M]. 北京：中国科

学技术出版社，2016.

[9] 教育部中外大学校长论坛领导小组编 . 大学校长视野中的大学教育（第二辑）[M]. 北京：中国人民大学出版社，2005.

[10][英] 迈克尔·吉本斯，[英] 卡米耶·利摩日，[英] 黑尔佳·诺沃茨曼，等 . 知识生产的新模式：当代社会科学与研究的动力学 [M]. 陈洪捷，沈文钦，等译 . 北京：北京大学出版社，2011.

[11] 潘懋元 . 多学科观点的高等教育研究 [M]. 上海：上海教育出版社，2001.

[12] 瞿亚军 . 高校学科建设模式研究 [M]. 北京：科学出版社，2011.

[13] 王志美 . 产业发展与城市空间演化 [M]. 北京：兵器工业出版社，2007.

二、期刊文献

[1] 别敦荣 . 高等教育普及化背景下行业性高校发展定位 [J]. 中国高教研究，2020（10）：1–8.

[2] 别敦荣 . 论大学学科概念 [J]. 中国高教研究，2019（09）：1–6.

[3] 陈大胜 . “双一流”建设视域下行业大学如何推进跨学科学术组织变革 [J]. 江苏高教，2020（11）：61–65.

[4] 陈维嘉，罗维东，范海林，王戈，祁慧勇 . 法国“大学校”办学模式及其启示——“教育部行业特色型大学发展考察团”考察报告 [J]. 中国高等教育，2010（24）：10–13.

[5] 陈卓 . 大学声誉制度研究——基于制度主义的视角 [J]. 中国高教研究，2016（03）：73–79，95.

[6] 程孝良 . 高水平行业特色大学创建世界一流学科的模式与路径 [J]. 国家教育行政学院学报，2016（11）：69-75，81.

[7] 程孝良 . 行业特色高校学科发展模式：美国一流大学的启示 [J]. 成都理工大学学报（社会科学版），2010，18（01）：80-83.

[8] 封希德，赵德武 . 建设高水平行业特色型大学的思考 [J]. 中国高等教育，2009（07）：9-10.

[9] 高树仁，宋丹 . 行业特色型大学“新学科”发展逻辑与行动策略 [J]. 学位与研究生教育，2020（11）：32-37.

[10] 高文兵 . 新时期行业特色高校发展战略思考 [J]. 中国高等教育，2007（Z3）：24-28.

[11] 杨江水，陈昌蓉，吴家胤 . 高校战略规划决策评价的多维度探析 [J]. 高校教育管理，2017，11（02）：9-16.

[12] 龚怡祖，谢凌凌，陈金圣，常姝 . 大学学科运行与学科发展战略中若干问题的理论分析 [J]. 高等教育研究，2011，32（10）：38-49.

[13] 郭华桥 .“双一流”背景下研究型大学弱势学科的治理逻辑 [J]. 重庆高教研究，2016，4（06）：29-36.

[14] 郭泉恩，孙斌栋 . 官产学合作是否促进了区域创新——来自中国地级及以上城市的证据 [J]. 教育学术月刊，2017（08）：29-40.

[15] 何晓芳 . 学科嵌入式治理：一流学科生成与发展的制度逻辑 [J]. 中国高教研究，2019（09）：29-34.

[16] 何郁冰 . 产学研协同创新的理论模式 [J]. 科学学研究，2012，30（02）：165-174.

[17] 胡建华 .“双一流”建设对高校学科调整的影响 [J]. 南京师大学报（社会科学版），2019（04）：20-26.

[18] 胡仁东 . 论大学优势学科群的内涵、特点及构建策略 [J]. 中国

高教研究，2011（08）：50–53.

[19] 黄颖，张琳，孙蓓蓓，王志楠，朱东华.跨学科的三维测度——外部知识融合、内在知识会聚与科学合作模式 [J]. 科学学研究，2019，37（01）：25–35.

[20] 蒋逸民.新的知识生产模式及其对我国高等教育改革的启示 [J]. 外国教育研究，2009，36（6）：73–78.

[21] 寇光涛，刘竹青."曲周精神"的溢出效应、动力机制及其对高校科研队伍建设的启示 [J]. 中国农业大学学报（社会科学版），2020，37（03）：130–136.

[22] 李爱民，周光礼.高水平行业特色型大学组织特质研究——基于北京 16 所高校的实证调查 [J]. 中国高教研究，2017（01）：27–31.

[23] 李芳.大学知识溢出与区域创新体系互动研究 [J]. 经济研究导刊，2013（32）：118–119.

[24] 李枫，李萍，何丽娜.高水平行业特色型大学一流学科建设策略分析 [J]. 江苏高教，2018，（11）：33–36.

[25] 李姗霖，熊淦，吴亭燕，黄明东.研究型大学知识溢出路径——基于知识溢出创业理论 [J]. 中国高校科技，2017（06）：68–70.

[26] 李文冰.行业特色院校科学发展的路径选择 [N]. 光明日报，2010–04–09（007）.

[27] 李雯，夏清华.大学知识溢出驱动的双元创业能力构建研究 [J]. 科学学研究，2016，34（12）：1847–1855.

[28] 李醒民.知识的三大部类：自然科学、社会科学和人文学科 [J]. 学术界，2012（8）：5–33，286.

[29] 李阳杰.一流学科建设中的知识溢出：效应分析与政策建议 [J].

高等工程教育研究，2020（01）：131-136.

[30] 李长玲，郭凤娇，魏绪秋 . 基于时序关键词的学科交叉研究主题分析——以情报学与计算机科学为例 [J]. 情报资料工作，2014（6）：44-48.

[31] 刘广生 . 我国行业特色型高校学科协调发展研究 [J]. 中国成人教育，2017（16）：20-25.

[32] 刘国瑜 . 关于行业特色高校建设与发展的战略思考 [J]. 中国高教研究，2008（04）：22-24.

[33] 刘慧玲 . 试论学科文化在学科建设中的地位和作用 [J]. 现代大学教育，2002（02）：72-74.

[34] 刘吉臻，翟亚军，荀振芳 . 新工科和新工科建设的内涵解析——兼论行业特色型大学的新工科建设 [J]. 高等工程教育研究，2019（03）：21-28.

[35] 刘军伟，冯征，吕勇，刘振兴 . 地方行业高校特色一流学科建设路径探析——以武汉科技大学为例 [J]. 研究生教育研究，2017（04）：72-76.

[36] 刘献君 . 行业特色高校发展中需要处理的若干关系 [J]. 中国高教研究，2019（08）：14-18.

[37] 刘献君 . 学科交叉是建设世界一流学科的重要途径 [J]. 高校教育管理，2020，14（01）：1-7，28.

[38] 刘向兵 ."双一流"建设背景下行业特色高校的核心竞争力培育 [J]. 中国高教研究，2019，（08）：19-24.

[39] 刘奕涛 ."双一流"建设要为"弱势学科"发展留空间 [N]. 中国社会科学报，2017-06-14（006）.

[40] 陆根书，胡文静 . 一流学科建设应重视培育学科文化 [J]. 江苏

高教，2017（03）：5-9.

[41] 罗勤，梁传杰 . 论高校学科交叉的困境与出路 [J]. 高等工程教育研究，2016（4）：189-194.

[42] 罗维东 . 新时期行业特色高校发展的趋势分析及对策思考 [J]. 中国高等教育，2009（05）：8-11.

[43] 马建 . 秉承特色 提高质量 推进高水平大学建设的实践与思考 [J]. 国家教育行政学院学报，2010（02）：3-6，82.

[44] 宁军明 . 知识溢出的机理分析 [J]. 科技与经济，2008（03）：22-24.

[45] 潘懋元，车如山 . 特色型大学在高等教育中的地位与作用 [J]. 大学教育科学，2008（02）：11-14.

[46] 潘懋元，王琪 . 从高等教育分类看我国特色型大学发展 [J]. 中国高等教育，2010（05）：17-19.

[47] 庞青山，薛天祥 . 世界一流高校学科结构特征及其启示 [J]. 学位与研究生教育，2004（12）：11-15.

[48] 邱均平，曹洁 . 不同学科间知识扩散规律研究——以图书情报学为例 [J]. 情报理论与实践，2012，35（10）：1-5.

[49] 宋亚峰，王世斌，潘海生 . 一流大学建设高校的学科生态与治理逻辑 [J]. 高等教育研究，2019，40（12）：26-34.

[50] 眭依凡 . 关于“双一流建设”的理性思考 [J]. 高等教育研究，2017，38（09）：1-8.

[51] 孙兆刚，徐雨森，刘则渊 . 知识溢出效应及其经济学解释 [J]. 科学学与科学技术管理，2005（01）：87-89.

[52] 覃成林，杨霞 . 先富地区带动了其他地区共同富裕吗——基于空间外溢效应的分析 [J]. 中国工业经济，2017（10）：44-61.

[53] 唐书林，肖振红，苑婧婷 . 网络嵌入、集聚模仿与大学衍生企业知识溢出——基于中国三大海洋工程装备制造业集群的实证研究 [J]. 科技进步与对策，2015，32（11）：131-136.

[54] 田贤鹏 . 论学科内生发展逻辑：从知识生产演化到学科制度生成 [J]. 研究生教育研究，2020（03）：60-65，86.

[55] 万力维 . 学科：原指、延指、隐指 [J]. 现代大学教育，2005（02）：16-19.

[56] 汪卫平，叶忠 . 文化资本对大学毕业生就业支持性的分析 [J]. 当代青年研究，2015（02）：100-105.

[57] 王春晖 . 推动高校优势学科建设 促进办学水平提升 [J]. 中国高等教育，2015（12）：50-52.

[58] 王曰芬，王金树，关鹏 . 主题 - 主题关联的学科知识网络构建与演化分析 [J]. 情报科学，2018（09）：9-15，102.

[59] 王战军，翟亚军 . 论高校学科建设中的战略思维 [J]. 高等教育研究，2008（10）：16-20.

[60] 魏宝君 ."双一流"建设背景下行业特色型高校基础学科建设与发展举措——以中国石油大学（华东）物理学科建设为例 [J]. 学位与研究生教育，2020（12）：37-44.

[61] 吴立保，管兆勇，郑有飞 . 行业特色型高校转型发展的挑战及战略选择 [J]. 江苏高教，2011（02）：63-65.

[62] 武建鑫 . 世界一流学科的政策指向、核心特质与建设方式 [J]. 中国高教研究，2019（02）：27-33.

[63] 武建鑫 . 学科生态系统：核心主张、演化路径与制度保障——兼论世界一流学科的生成机理 [J]. 高校教育管理，2017，11（05）：22-29.

[64] 向东春 . 基于生态学的现代大学学科发展特质与路径分析 [J]. 中国高教研究，2013（10）：71–75.

[65] 谢辉祥，赵志钦，甘国龙 . 从全国一级学科评估审视高水平行业特色型高校学科竞争力 [J]. 中国高教研究，2018，（09）：7–13，19.

[66] 陶羽，李健 . 行业高校特色学科向一流学科发展路径和推进战略研究 [J]. 黑龙江高教研究，2019，37（05）：37–40.

[67] 胥桂宏 . 行业特色型大学在“双一流”战略中的发展与对策思考 [J]. 河北师范大学学报（教育科学版），2017，19（05）：71–75.

[68] 徐金梧 . 发挥特色优势 引领行业技术创新 [J]. 中国高等教育，2008（01）：39–41.

[69] 徐贤春，朱嘉赞，吴伟 . 一流学科生态系统的概念框架与评价模型——基于浙江大学的实证研究 [J]. 江苏高教，2018（09）：16–20.

[70] 徐晓媛 . 对我国行业特色高校发展的回顾评析与思考 [J]. 教育与职业，2013（11）：24–26.

[71] 许海云，刘春江，雷炳旭，李灵慧，方曙 . 学科交叉的测度、可视化研究及应用——一个情报学文献计量研究案例 [J]. 图书情报工作，2014，58（12）：95–101.

[72] 许迈进，杜利平 . 美国研究型大学的学科发展战略及其启示 [J]. 中国高教研究，2005（04）：76–77.

[73] 闫俊凤 . 生态学视域下行业特色高校学科建设 [J]. 高教探索，2014（02）：96–99.

[74] 杨勇平 . 高水平行业特色型大学的学科建设与内涵发展——以华北电力大学为例 [J]. 高等工程教育研究，2018，（06）：96–100.

[75] 姚潇颖，卫平，李健 . 产学研合作模式及其影响因素的异质性研究——基于中国战略新兴产业的微观调查数据 [J]. 科研管理，

2017，38（08）：1-10.

[76] 叶春蕾 . 基于 Web of Science 学科分类的主题研究领域跨学科态势分析方法研究 [J]. 图书情报工作，2018，62（02）：127-134.

[77] 余洁，王增涛，李依颖 . 高等教育服务出口对中国区域经济增长的空间溢出效应 [J]. 西安交通大学学报（社会科学版），2020，40（06）：89-100.

[78] 袁广林 . 创建世界一流与服务国家发展：行业特色高水平大学世界一流学科建设战略选择 [J]. 学位与研究生教育，2019，（01）：1-7.

[79] 岳增慧，许海云，郭婷，等 ."情报学"与"计算机跨学科应用"的学科交叉对比研究 [J]. 情报资料工作，2016（2）：16-22.

[80] 岳增慧，许海云 . 学科引证网络知识扩散特征研究 [J]. 情报学报，2019，38（01）：1-12.

[81] 岳增慧，许海云 . 学科知识扩散过程探测研究——以社会网络领域为例 [J]. 图书情报工作，2016，60（09）：106-115.

[82] 张梅珍 . 行业特色大学综合改革进程中的学科生态重构 [J]. 中国高教研究，2015（12）：88-91.

[83] 张启强 . 学术生态与学术可持续发展 [J]. 科技管理研究，2007（04）：110-111.

[84] 赵沁平 . 发挥行业特色高校优势 为行业科技进步做出更大贡献 [J]. 中国高校科技与产业化，2005（05）：48-50.

[85] 赵勇，白永秀 . 知识溢出：一个文献综述 [J]. 经济研究，2009，44（01）：144-156.

[86] 赵渊 . 世界一流学科建设的"中国范式"：价值建构及实践路径 [J]. 浙江社会科学，2019（04）：95-102，158-159.

[87] 钟秉林，王晓辉，孙进，周海涛 . 行业特色大学发展的国际比

较及启示 [J]. 高等工程教育研究，2011（04）：4–9，81.

[88] 钟秉林，王晓辉，孙进，周海涛 . 行业特色大学发展的国际比较及启示 [J]. 高等工程教育研究，2011（04）：4–9，81.

[89] 周光礼 .“双一流”建设的三重突破：体制、管理与技术 [J]. 大学教育科学，2016（04）：4–14，122.

[90] 周光礼 .“行业划转院校”的“去行业化”与“再行业化”：环境变迁与组织应对 [J]. 教育研究，2018，39（09）：103–112.

[91] 周统建 . 地方行业高校如何推进“双一流”建设——以入选“双一流”建设名单的江苏四所行业特色大学为例 [J]. 中国高校科技，2019（Z1）：20–24.

[92] 周统建 . 价值生态视角下一流学科建设高校弱势学科发展战略思考 [J]. 江苏高教，2019（03）：44–49.

[93] 邹晓东，吕旭峰 .“学部制”改革初探———基于构建跨学科研究组织体系的思考 [J]. 高等教育研究，2010，31（2）：26–31.

三、学位论文

[1] 常姝 . 行业特色型高校学科发展战略管理研究 [D]. 南京农业大学，2011.

[2] 韩强 . 中国大学学部制改革及其思考 [D]. 南京师范大学教育科学学院，2015：53.

[3] 解涛 . 高校对农村知识溢出机理及溢出绩效研究 [D]. 江苏大学，2016.

[4] 田华 . 基于知识溢出的区域性大学发展研究 [D]. 浙江大学，2010.

四、外文文献

[1]Audretsch D B, Feldman M P. Innovation in Cities: Science-Based Diversity, Specialization and Localized Competition[J]. CEPR Discussion Papers, 1998, 43(2):409–429.

[2]Barro R J. Economic Growth in a Cross Section of Countries[J]. The Quarterly Journal of Economics,1991(2):2.

[3]Beise M, Stahl H. Public Research and Industrial Innovations in Germany[J]. Research Policy, 1999, 28(4):397–422.

[4]Davies G H, Flanagan J, Bolton D, et al. University knowledge spillover from an open innovation technology transfer context[J]. Knowledge management research & practice, 2021,19(1):84–93.

[5]Etzkowitz H. Leydesdorff L. The dynamics of innovation: from National Systems and "Mode 2" to a Triple Helix of university–industry–government relations[J]. Research Policy, 2000, 29(2):109–123.

[6]Etzkowitz, H, Triple helix clusters: boundary permeability at university–industry–government interfaces as a regional innovation strategy[J]. Environment and Planning C–government and Policy, 2012. 30(5):766–779.

[7]Feola R. Vesci M. Botti A. et al. The Determinants of Entrepreneurial Intention of Young Researchers: Combining the Theory of Planned Behavior with the Triple Helix Model[J]. Journal of Small Business Management, 2017, 57(4): 1424–1443.

[8]Griliches Z. The Search for R&D Spillovers[J]. Scandinavian Journal of Economics, 1992, 94(1):29–47.

[9]Ivanova I A. Leydesdorff L. Rotational Symmetry and the Transformation

of Innovation Systems in a Triple Helix of University–Industry–Government Relations[J]. Technological Forecasting & Social Change, 2014, 86:143–156.

[10]James, D, Adams, et al. Scientific teams and institutional collaborations: Evidence from U.S. universities, 1981 - 1999[J]. Research Policy, 2005,34(3):259–285.

[11]Jesus Rodriguez–Gulias M, Fernandez–Lopez S, Rodeiro–Pazos D, et al. The role of knowledge spillovers on the university spin–offs innovation[J]. Science and Public Policy, 2018,45(6):875–883.

[12]Leyden D P, Link A N. Knowledge spillovers, collective entrepreneurship, and economic growth: the role of universities[J]. Small Business Economics, 2013,41(4):797–817.

[13]Mcadam M. Debackere K. Beyond 'triple helix' toward 'quadruple helix' models in regional innovation systems: implications for theory and practice[J]. R&D Management, 2018, 48(1):3–6.

[14]Messeni Petruzzelli A, Murgia G. University–Industry collaborations and international knowledge spillovers: a joint–patent investigation[J]. Journal of Technology Transfer, 2020,45(4):958–983.

[15]Mowery D C, Ziedonis A A. Markets versus spillovers in outflows of university research[J]. Research Policy, 2015,44(1):50–66.

[16]Peixoto L. Barbosa R R. Faria A. Management of Regional Knowledge: Knowledge Flows Among University, Industry, and Government[J]. Journal of the Knowledge Economy, 2021(3)

[17]Ponds R, van Oort F, Frenken K. Innovation, spillovers and university–industry collaboration: an extended knowledge production function approach[J]. Journal of Economic Geography, 2010,10(2):231–255.

[18]Pugh R. Universities and economic development in lagging regions: 'triple helix' policy in Wales[J]. Regional Studies, 2017, 51(7):1–12.

[19]Stiglitz, J. E. A new view of technological change [J]. Economic Journal, 1969, 79: 116–131.

[20]Stirling A. A general framework for analysing diversity in science, technology and society[J]. Journal of the Royal Society Interface, 2007, 4(15):707–719.

[21]Wagner C S, Roessner J D, Bobb K, et al. Approaches to understanding and measuring interdisciplinary scientific research(IDR):A review of the literature[J]. Journal of Informetrics, 2011, 5(1):14–26.